Ultra Translated Das Kapital

超訳 資本論

お金を知れば人生が変わる

許 成準

彩図社

はじめに

『資本論』は「労働者階級の聖書」と呼ばれてきた。

「そうか、私は労働者じゃないから、『資本論』は関係ないや」と思った、そこのあなた。ちょっと待って欲しい。「労働者」というと、筋肉質の男たちがシャベルで土をすくったり、建築材を運んだりする場面が想像されるが、ここでの「労働者」とは、資本家に雇われて働く人の総称である。

だから、会社に雇われて営業に奔走するサラリーマンも労働者だし、銀行の窓口で客に応対する従業員も労働者だ。会社を持たず、会社のために働いて給料をもらって生活する人は、すべて労働者である。

つまり『資本論』の「労働者」は、「資本家」の反対の概念として使われる用語なのだ。

日本では『資本論』という題名で知られているが、元の題名は『Das Kapital』、つまり『資本』だ。この本は「資本」それ自体についての本なのだ。

分析したのは「資本とは何か」「資本はどう動くか」「資本家は資本をどう活用するか」「なぜお金持ちはどんどんお金持ちになり、貧乏人はさらに貧乏になるか」といった、資本主義の構造についてだ。まさに、現代社会を動かすシステムの解剖書である。

だから現代風に言い換えるならば、『資本論』は「ビジネスマンの聖書」とも言える。

多くの人が誤解しているのは、『資本論』が共産主義や社会主義についての本だということだが、それは勘違いだ。マルクスが『資本論』を執筆したとき、共産主義や社会主義という概念は存在しなかった。当時は資本主義しかなかった時代である。共産主義などはあくまで、『資本論』が書かれた後、資本主義の代案として作られた体系だ。


著者のカール・マルクス（1818〜1883）が生きた時代は、産業革命の直後である。彼はその産業革命のメッカと言えるイギリスで活動した。産業革命による機械文明の発達と、生産性の飛躍的な向上で巨大な富が生み出されたが、豊かになったのは一部の資本家だけで、普通の人は、資本家に雇われた貧乏な労働者として希望のない人生を生きるしかなかった。

当時は社会福祉や最低賃金といった概念もなかった時代だ。資本主義が発達すればするほど、貧乏な人がどんどん貧乏になる現象を、マルクスは目撃した。これは資本主義システムが長く稼働すると生じる問題だ。中間層が多かった日本も、どんどん貧富の差が大きくなる方へ進行し続けている。本書でも解説していることだが、このような変化は不可逆的である。

マルクスは、資本主義システムで起こるこのような問題を、既存の経済学理論では説明できないと考えた。そこで彼は、資本主義の仕組みを科学的に分析し、社会のいろいろな——主に労働者階級の立場からの――問題の原因を究明しようとした。

こうして書かれたのが1867年に出版された『資本論』（第1巻）だ。第1巻では、資本の本質と資本主義システムの分析がなされている。これはマルクスが自身の手で完成させた、唯一の『資本論』である。

マルクスの死後、友人だった思想家、フリードリヒ・エンゲルスはマルクスが残した未完成の原稿を編集し、第2巻と第3巻を出版した。第2巻では資本の流通、第3巻では資本主義的生産を分析している。

第2巻と第3巻の基礎となった遺稿は未完成だったため、マルクスが直接手がけた第1巻に比べ、主題が逸れるなど構成がしっかりしていない。この一貫性がない流れの問題はエンゲルス自身も認めている。だから、『資本論』を読むときに有効な方法は、第1巻の要点を把握しながら、第2巻と第3巻の必要な部分をかいつまんで理解することだ。これは本書がとっている方法でもある。

さて、マルクスとエンゲルスの努力で世に出た『資本論』は、資本主義経済の問題点を鋭く突いたその内容から、共産主義や社会主義の理論的な支柱となったほか、強力に資本主義経済を推し進める指導者に大いに反省を迫ることになった。先進国は労働者に大きな譲歩をして、資本主義最大の弱点である恐慌への対策を急がせたのだ。

やがて共産主義、社会主義の衰退と共に『資本論』とマルクスも忘れ去られるかに見えたが、資本主義の暴走が再び加速し、あちこちで貧富の差が拡大し続ける今、再び世界中から注目を集めている。フランスの経済学者トマ・ピケティが『21世紀の資本』を上梓《じょうし》し、大論争を巻き起こしたのは記憶に新しい。

その『資本論』は全部で２６００ページ（ドイツ語の原文）にのぼる大作だ。

いくら『資本論』がビジネスマンのバイブルだといっても、あなたがマルクス経済学についての論文を書こうとしていない以上、それを全部読み通す必要があるのかは疑問だ。普通の人にとっては、マルクスが大衆に伝えようとしたメッセージのエッセンスをちゃんと理解し、自分の人生の戦略を立てるために応用するのが正しい使い方だろう。

では、この『資本論』を読むと、あなたは何を得られるのだろうか。

まず、私たちが暮らす、この資本主義社会の構造をよく理解できるようになる。

「社会の構造なんて知っても、個人にできることなど何もないじゃないか」と思うなかれ。

この世界の構造を理解するのは、革命を企む闘士だけに必要なことではない。例えば２００７年の「ニューヨーク・タイムズ」は、ウォール・ストリートの金融マンたちの間で『資本論』を読むのが流行しているという記事を掲載した。一見、共産主義とは正反対の思考を持っていると思われる、金融界の投資家たちがマルクスの著作を読むのは不自然に思えるが、それだけ『資本論』が資本主義システムの立派な解剖書だということである。

また、社会の構造を理解すれば、あなたは、私たちを取り巻くこの世界でより良く生き残る競争力を身につけることができる。

筆者は「社会主義者」や「共産主義者」という言葉は聞いたことがあるが、「資本主義者」と名乗る人に会ったことがない。それだけ我々は、自分を取り巻くシステムを意識することなく生活している。

これはまるで、水の中に住んでいる魚のようだ。魚は水について理解していなくても、問題なく生きていけるかもしれない。しかし、水がどこから来るのか、水が汚染されているとしたら、その原因は何かを理解していれば、いざという時にどうすれば生き残れるのか、もっと良い水の中で生きるためにはどうすれば良いのか、対策を立てることができる。

特に、バブル経済の崩壊や世界同時金融危機などの、資本主義の危機を周期的に経験してきた現代日本人は、現代のシステムを解き明かした『資本論』を、一度は読んでおく必要があるだろう。

筆者は執筆にあたり、「もしマルクスが現代に蘇って、日本の読者に分かりやすいように『資本論』を書き直したら、どんな本にするだろうか」と想像しながら、制作にあたった。論点を明確にできたので、初心者にとっては、この上なく理解し易い入門書になったと自負している。

では、いよいよ、人類の歴史を変えた古典、『資本論』を読んでみよう。

超訳　資本論　目次

1章 そもそも富とは何なのか？

2章

価値の交換がお金を動かす

3章

資本、それはお金を稼ぐお金

4章

労働力は労働者が売る商品である

5章

資本主義システムでの労働の構造

6章

人はどうして資本の奴隷になるのか

7章

人はなぜ金持ちになれないのか？

8章

技術の発達が人を幸せにしない理由

9章

資本が雪だるま式に増える理由

10章

資本が巨大になるメカニズム

11章

資本主義は恐慌から逃れられない

Ultra Translated Das Kapital

１章 そもそも富とは何なのか？

『資本論』は、資本主義を科学的に分析した本だ。その分析は最初からとても論理的に展開される。

まず『資本論』は「富とは何か？」というひとつの根源的な問いから始まる。そして「富の価値を決める方法」「その価値を生み出しているもの」というように理論を進めていく。

読めば自然と「資本家はどうして働かなくてもお金持ちになることができるのか？」「なぜ普通の人はいくら努力してもお金のせいで苦労するのか」といった疑問の答えが明らかになるようになっている。

超訳

商品は富の基本単位

【第1巻1章1節】

資本主義社会における富は、「たくさんの商品の集まり」の形をとっている。そして、そのもっとも基本的な単位は「商品」である。だから、私たちの研究——資本主義の研究——は、まず商品の分析から始めなければならない。

生物学者が生物を研究するときは、そのもっとも基本的な単位である細胞の分析から研究を始める。物理学者が物質の性質を研究するときは、そのもっとも基本的な単位である分子や原子の分析から研究を始める。

同様に、マルクスは資本主義社会のメカニズムを解明するために、富のもっとも基本的な単位である、「商品」の分析から研究を始めたわけだ。

「資本主義といえば、お金が中心であるはず。**なぜお金から始めないの？**」と疑問を持った読者もいるだろう。では、「富は、たくさんの商品の集まり」だとしている定義を「富は、たくさんのお金」と書き直したらどうなるだろう。後者の定義は、貨幣以外の財産、例えば家や土地、工場の設備や美術品など、富のあらゆる形を網羅できないから、富の正しい定義ではないのである。

そもそもお金の起源を考えてみれば、お金も元は商品の一種だ。物々交換での物のやりとりに限界が見えてきたとき、物の代わりに交換するのに便利なもの——米や黄金や銀——などが商品の「代表」として貨幣の役割をしたのが、お金の始まりだった。

「金本位制」時代の貨幣は、本当に商品だった。貨幣は「これだけの黄金を持っています」ということを証明するものだったからだ。『資本論』が想定しているのも、金本位制下の貨幣である。

現代では金本位制は用いられていないが、貨幣の役割は昔とまったく変わらない。こうして、貨幣を広い意味での商品の一種と見なすことで、富の定義はシンプルになる。

富は、「たくさんの商品の集まり」なのである。

超訳

商品の2つの側面

商品とは、「私たちのニーズを満足させてくれる、外部の物」と定義することができる。そのニーズは食欲かもしれないし、虚栄心かもしれない。

全ての商品は、2つの観点から見ることができる。

それは「質」と「量」だ。

「質」は、商品が持つ性質と、その活用方法のことを指す。

そして「量」は、それがどういった比率で他の商品と交換されるのかを指している。


【第1巻1章1節】

資本主義社会では、ニーズさえあれば、なんでも商品になる。

実際に日本で売られている商品に「綱引き練習機」という珍妙なものがあるが、これが商品になるのは、練習機を買おうというニーズがあるからだ。

綱引き大会を控えたある男性が、「綱引き練習機」を5万円で買ったとしよう。そして、ある大学の教授がレコード専門店でクラシックレコードコレクションを5万円で買ったとしよう。商品を「質」の観点から見れば、クラシックレコードと綱引き練習機は**まったく性質が違う**。

消費される方法も違うし、それを必要とする対象者も異なる。だが、そうした商品の性質を無視して、2人のお金の流れだけを見れば、2つの取引は両方とも5万円が消費者から事業者に移動し、代わりに5万円の価値の商品が事業者から消費者に移動したことになる。つまり「量」という観点に立つと「綱引き練習機」もクラシックレコードも、同じ価値を持つ商品として見ることができるのだ。

資本主義の研究では、商品の具体的な性質や用途などの**「質」の面より、その「量（交換価値という）」に着目して分析を進めている。**

超訳

商品の使用価値と交換価値

【第1巻1章1節】

有用性のある商品は、「使用価値」を持つ。
例えば鉄、コーン、ダイヤモンドなどの商品は使い道があるから、使用価値を持つ。
使用価値が現実化されるのは、それが消費されるときのみだ。
そして社会の中では、使用価値だけではなく「交換価値」も持つ。
例えばコーンは、一定の比率の鉄と交換することができる。
「使用価値」は「質の違い」だが、「交換価値」は「量の違い」である。

コンビニエンスストアで売られている弁当も商品だから、2つの面を持っている。「交換価値」の側面を見れば、価格が500円であれば、それは500円のお金と交換される性質を持つ。お腹が空いたサラリーマンが弁当を500円で買って食べれば、それは彼の食欲という「ニーズ」を満足させて、現実から消え失せる。

つまり、弁当の食べ物としての**「使用価値」はそれを消費する人により市場からなくなる。だが500円のお金はサラリーマンからコンビニエンスストアに移動し、市場に残る。**

商品によっては、使用価値よりも交換価値の側面が強い場合もある。例えばパブロ・ピカソの作品が非常に高値で取引されるのは、その絵を自宅の壁に掛けて、毎日それを鑑賞したがる人のニーズというよりは、それが後々、さらに高値で売れるからだという方が正しい。この世にひとつしか存在しない名画は、時間が経てば経つほど値段が高くなるのは当然だからだ。

黄金は、歯の詰め物やアクセサリーとしての使用価値もあるが、それより交換価値としての側面のほうがずっと強い。だから黄金はその使用価値としての機能をどんどん失っていき、交換価値だけを持つ存在として進化してきた。

そして黄金が進化した現代の紙幣は、使用価値はまったく持たず、交換価値だけを持っている。冬山で道に迷った遭難者が紙幣を燃やして生き残ったことがあったが、交換手段ではない**紙幣の「使用価値」はせいぜい燃えくさ程度でしかない**のだ。

超訳

商品の交換価値はどう決める？

【第1巻1章1節】

2つの違う商品が交換されるとき、その量には比率がある。例えば1キロのコーンは、Xグラムの鉄と同じだ。この関係が何を表すか？ 1キロのコーンとXグラムの鉄には「共通の何か」があるということだ。2つの商品には第三の「共通の何か」があり、その要素で商品を比較することができる。

図形は、その形態が各々違っても、三角形で分解し、それぞれの面積を計算して合計を得ることで、元の図形の面積を計算することができる。同様に、商品の交換価値は全ての商品にある「共通の何か」で表現することができる。

鍛冶屋が釜を見て、「うーん、この釜はそのハンマー10個くらいの価値だな」と言ったとする。

これは何を意味するだろう？

おそらく、釜が含んでいる鉄と、ハンマー10個が含んでいる鉄の量が同じだという意味である。

こうして釜とハンマーを比較できるのは、２つとも鉄で作られているからだ。このように**２つの物を定量的に比較するためには、共通の何か――この場合は、鉄の量――が必要**なのだ。

例えば、釜とハローキティ人形はどのようにして比較すれば良いだろうか。

釜とハローキティ人形では、その物理的・化学的性質はもちろんのこと、使い道もまったく違う。使い道や物理的・化学的性質で成立する「使用価値」では、この２つの交換価値を計ることができないというわけだ。だからこそ、一般的な商品の価値を比較するためには、「使用価値」から離れた第三の、「共通の何か」を必要とする。

両者に共通点があるとすれば、それは「人間が作った物」だという点だけだ。

従って、その２つの商品を比較することができる「第三の何か」は、商品を作るためにかかった人間の「努力」だけである。**商品を作った人間の努力の量、すなわち労働の量が商品を交換する価値の基準になる**のだ。鍋とハローキティ人形の場合、鍋を作るために必要だった労働の量と、ハローキティ人形を作るために必要だった労働の量の比率で、２つの商品の価値の比率が算出されるのだ。

超訳

抽象的労働とは

【第1巻1章1節】

商品の価値を決める「共通の何か」は、商品の物理的・化学的性質ではない。
それらは商品の使用価値を決めるだけだ。
「交換価値」は「使用価値」を完璧に抽象化した概念だ。
抽象化を通じて、とある使用価値を他の使用価値と定量的に比較することができる。
使用価値は質の違いに関することで、交換価値は量の違いに関することだ。
だから交換価値と使用価値は関係がない。

抽象化とは何のことだろう？　**ある対象の具体的な形を考慮せず、それ全体が持つ特定の観念を考えること**を「抽象化」と呼ぶ。

例えば、会社の財務諸表では、オフィスはどれくらい快適なのか、社員たちは会社をどれほど愛しているのか、などの実際の様子はすっかり排除されている。ただ、その会社が持つ資産と負債、キャッシュ・フロー、得ている利益など財務に関する情報が分かるだけだ。財務状況を分析するために、それ以外の全ての事象を省略し、「抽象化」したのだ。

財務諸表からは社内の様子は窺い知れないが、見た目を排除して抽象化したことで、その会社への投資を検討する投資家は冷静な判断を下すことができる。もし派手なオフィスやビルに見とれて、その背後に隠れている負債を知らなければ、そんな投資は失敗するだろう。

電車の路線図も同じことで、駅の位置関係以外のすべてを「抽象化」したものである。駅のトイレの場所や階段の長さなどは、すっかり省かれている。だからこそ路線図は見易いのである。

商品の場合も同じように考えれば良い。米農家の生産した米と、人形職人の人形を、どうやって交換すれば良いだろう？

具体的な性質にこだわれば、比較も交換もできない。そこで具体的な性質は排除した「抽象化」が必要になる。**外見や使い道など、価値の比較に不必要な要素を排除し、交換に必要となる部分だけ抽象化すること**だ。鉄道を路線図だけで、会社を財務諸表だけで表現したように、商品を価値だけで表現する――これが「商品の抽象化」の核心である。そして、その価値というのが、前項の「労働量」だ。

超訳

商品に含まれる労働

【第1巻1章1節】

商品を抽象化して、テーブルや家、毛糸など具体的な形を考えないようにしてみる。

さらに、残った労働についても抽象化し、建具屋、石工、紡績工などの具体的な労働形態を除いて考える必要がある。

抽象化は、商品の使用価値を排除すると同時に、それを実体化するあらゆる種類の労働をも抽象化するのだ。こうすることで、すべての商品に共通点を見出すことができる。

それが、同じ種類の労働、抽象化された労働である。

繰り返し述べてきたように、商品の価値を比較するときには、その使用価値は考慮しない。

これは重要だ。「このハローキティ人形は特別にかわいいから、この重い釜と同じ価値がある」とするのは非科学的なのだ。資本主義を研究するためには、ハローキティ人形がどんな形をしているのか、どのくらいかわいいかは知る必要がない。すべての商品からその形や使い道を除き、抽象化して使用価値とは離れた基準で商品を定量的に測る必要があるのだ。

ハローキティ人形から、形やかわいさを除けば、残るのはそれを**作り、店舗に運んだ人々の「努力」だけ**だ。その努力が市場における交換価値となるわけだ。その努力も「かわいい人形を作る努力と釜を作る努力」を比較するのではなく、どれだけ頭や神経、筋肉を使ったかという「量」で比較しなければならない。**量だけで比較しなければ、交換の比率を決められない**からだ。

ここまでをまとめよう。資本主義社会に流通する資本は、「たくさんの商品の集まり」である。

商品には、その使い道や形といった「使用価値」と、商品が消費者に渡った際に支払われる「交換価値」とがある。商品と商品を比較するために重要なのは「交換価値」であり、それは形や使い道、商品に含まれる労働の形態を除いて、労働の量のみを「抽象化」して求められるのである。

【豆知識】現代のお金とは何か

お金は、商品の中でもとびきり特異な性質を持っている。すべての商品は使用価値と交換価値を併せ持っているが、お金は交換価値しか持っていない。特に、貴金属と関係がなくなった現代の貨幣には、使用価値がまったく存在しない。物理的な性質だけを見れば、1万円札の紙幣ですら、ただの紙切れに過ぎないのだ。

我々は日頃、何の疑問も持たずに紙幣を使っているが、考えてみれば紙幣は不思議な存在だ。ある日、「裸の王様」のように、誰かが「その紙に価値なんかないぞ！」と叫べば、皆の目が覚めて紙幣がその価値を失う、ということはあり得ないだろうか。確かに、紙幣の価値は昔の黄金とは違って、実際の価値に基づいていない。だが、皆がその紙に1万円の価値があることに同意している。実際の価値ではなく、「信用」に基づいている紙幣、これが「信用貨幣」である。

紙幣の登場は、銀行の登場と深い関係がある。

昔、お金として使われた黄金は高価だったので、安全な場所に保管しなければならなかった。そこで自分の金庫を提供し、黄金を保管する人物が現れた。彼は少々の保管料をもらって他人の黄金を金庫に保管してあげた。これが銀行の起源である。

銀行は、黄金を保管した人には預かり証を発行した。それを持って銀行に行くと、銀行はそれに当たる黄金を金庫から取り出すのだ。こうなってくると、預かり証は黄金と同じ価値を持つ。紙だから黄金を持ち運ぶよりはるかに楽だ。これが紙幣の起源である。金本位制下の貨幣は、このように「貨幣が黄金の預かり証の役割をする」ということを意味する。

さて銀行では、保管する黄金が増えてくると、これを放っておくのはもったいないと感じ、預け主に内緒でお金が必要な人に紙幣（預かり証）を貸し、利子を得る貸し金業を始めた。こうして銀行の持ち主はどんどんお金持ちになった。それを知った預け主たちは、勝手に顧客の黄金を運用してお金を稼ぐ銀行に腹が立ったことだろう。

しかし、それはお金で解決された。貸し金業で稼いだ利益の一部を、黄金を預けた顧客に還元するようにしたのだ。こうすれば保管料を支払う必要もないし、逆に黄金を預けるだけで利子をもらってお金を増やすことができる。銀行は、お金を借りる人から利子をもらい、お金を預ける人には、それより低い利子を還元した。その差が銀行の収入になるというわけだ。

本格的な金融の始まりである。

やがて経済の規模がどんどん拡大するにつれ、世界全体の富と比べて、採掘される黄金の量が不足し始めた。もはや全世界のＧＤＰは、地球全体の黄金の埋蔵量より価値が高くなっている。「紙幣が金の預かり証である」という「金本位制」はこうして崩壊した。というわけで、今私たちが〝お金〟と呼ぶものは、黄金とは関係がない、社会的な同意の上で作られた人為的な概念である。銀行のサーバーに記録された数値が現代のお金の実体なのだ。目に見える紙幣は全体の通貨のごく一部に過ぎない。

目に見えない概念が、我々の生活を支配しているのである。

Ultra Translated Das Kapital

2章

価値の交換がお金を動かす

お金は資本主義社会の血液である。ではその血液を流す原動力とは？

市場でお金を動かす原動力は、商品である。

もっと具体的には、商品の使用価値がお金を流通させる原動力だと言うことができる。

なぜなら、お金が動く唯一の理由が「人が自分に必要な商品を買うこと」だからだ。商品はお金とは逆の方向へ流れながら、お金が資本主義社会の血液となるように働いているのだ。

本章では、貨幣を動かす機能を持つ、商品の価値について解説しよう。

超訳

労働の量を測るには

【第1巻1章1節】

商品に含まれる労働の量は、どのようにすれば測定できるだろうか？　それは簡単で、労働にかかった時間から求めれば良い。労働時間を週・日・時間の単位で測定することだ。

ということは、下手だったり怠ける労働者の生産品は、労働時間が長いから価値が高くなるのか？　と疑問を持つ人もいるだろうが、そうではない。

社会全体で生産されたすべての商品に含まれる労働を、ひとつで、巨大な均質な塊だと思えば、そのなかのひとつの商品に含まれる労働の量（＝商品の価値）は、その商品ひとつ分の量である。だから商品が含む労働時間は、その社会の一般的な生産手段と平均的な効率でかかった労働の量である。

千羽鶴を誰かにプレゼントする人は**「これを作る努力が、鶴にこもるはず！」**と考えている。

とあるアイドルのファン10人が集まって、アイドルにプレゼントするための千羽鶴を折っているとしよう。うち9人は手芸部に属していて手先が器用で、残りのひとりだけが不器用だ。9人はみるみるうちに鶴を量産していくが、ひとりは他の少女たちの半分の速度でしか鶴が折れない。

作業は1時間ほどで終わり、無事に千羽鶴が完成した。手芸部の9人も、不器用なひとりも1時間を使ったが、後者は前者に比べ、完成させた鶴の数は半分に過ぎなかった。では、不器用な少女が作った折り鶴にこもる「心」の量は、他の少女たちの鶴に比べて半分だと言えるだろうか？

そんなことはない。確かに彼女は不器用だったが、他の9人と同じ時間、アイドルのことを考えながら鶴を折ったからだ。

では今度は、その折り紙を商品として売るケースを考えてみよう。この場合は、事情が違ってくる。不器用な少女が折った鶴も、他の折り紙と同じ商品として売られるからだ。一般的にひとつの鶴が30秒かけて折られるところ、**ひとりだけ1分をかけたからといって、その価値が上がるわけではない。**

1000羽の折り鶴に含まれる労働を、本文にあるようにひとつの巨大な塊だと考えれば、それを1000に分けた分が、ひとつの折り紙に籠められた労働なのである。

つまり、「商品の価値を労働時間で測ることができる」ということは、**商品を生産した全体の労働時間から、ひとつの商品の分を計算したこと**だと分かるだろう。一人ひとりの個人技が各々の商品の価値を変化させるわけではないのだ。これが「社会的に必要な労働時間」の意味である。

超訳

労働と使用価値と交換価値の関係

【第1巻1章1節】

使用価値があっても、交換価値がない物もある。それは、その有用性が人の労働力による産物ではない場合である。空気や土、自然の牧草などがそうだ。

使用価値もあり、労働力の結果でもあるが、商品ではない物もある。自分が使うために生産する物がそうだ。つまり、商品を生み出すためには、自分ではなく他人のための使用価値、つまり社会的使用価値を、労働力によって作らなければならない。

他人のために生産しても、商品にならない場合がある。中世の農奴は、自分の領主のために農作物を生産した。が、その農作物は彼らが他人（領主）のために生産した物だが、商品とは呼ばない。それが商品になるためには、交換を通じて他人に移す必要がある。

最後に、使用価値がない物は、含まれる労働も併せてその価値を失う。その労働は交換価値を生み出さないから、労働として認められない。

そもそも商品が交換される理由は、各々の商品が違う使用価値を持つからである。差異がない商品は交換される理由がない。だが、小さな差異さえ存在すれば、それは交換の理由となる。鉛筆を、全く同じ鉛筆と交換する行為には意味がない。だが、ハローキティ鉛筆とミッフィー鉛筆を交換する行為には意味がある。

本文で重要なのは、労働と使用価値と交換価値の関係である。ある商品が、他の商品群から独立したものとして存在するためには、差別化した使用価値を持たなければならない。使用価値を生み出すのは労働であるから、質の違う労働が、質の違う商品を生み出すのだ。**こうして他の商品と違う使用価値を与えられた商品は、市場における交換価値を持つのである。**

労働の結果である商品が2つの面を持っているということは、商品を生み出す労働にも2つの面があることを示唆している。例えば、漫画家が漫画を描こうとしているのであれば、使用価値を生み出すのは「題材はスポーツにしようか、それともファンタジーにしようか。どういった絵柄にしようか」と悩み、努力するような「労働の具体的な面」である。

反面、交換価値を生み出すのは前述したような**「どんな内容の漫画を描くか」**ではなく、**「その漫画を描く行為が、市場でどのくらいの価値を生み出したか」**という、労働の抽象的な面なのである。

超訳

価値を生み出す有用労働

使用価値がない物は、それに含まれる労働にも価値がない。
その労働は交換価値を生み出さないから、労働として認められない。
労働の有用性は、労働が生産した商品の使用価値により決まる。
商品に使用価値を与える生産的な活動を、「有用労働」と呼ぶ。
使用価値には膨大な種類がある。
そして、それぞれを生み出す有用労働にも、同じく膨大な種類がある。

【第1巻1章2節】

有用労働は、使用価値のある商品を生み出す労働である。例えば、オランダで制作された『最悪のシナリオ』という映画がある。２００６年のサッカーワールドカップの会場にゾンビが乱入し、人間を襲うというストーリーだ。多数のエキストラが動員され、8億円を超える制作費がかかった。が、結局劇場公開はおろか、ビデオ発売にも失敗してしまった。この場合、その映画は商品ですらない。従って、出演した俳優や監督の努力は「有用労働」だとは言えない。

このように、大変な労力がかかったのに商品にすらならないこともある一方、とんでもないものが商品になるケースもある。あなたは『芸術家の糞』という芸術作品をご存知だろうか？

これはピエロ・マンゾーニという芸術家の作品である。彼は自分の大便を金属製の缶に封印し、**「30グラム・自然保存」**と書かれたラベルを貼って販売した。その価格は、同じく30グラムの黄金の価格と同じであった。

「誰がそんな悪ふざけに付き合うの？」と思うかもしれないが、その作品は人気を博し、今では黄金など比較にならないほど価値が高い。結果的にマンゾーニの排便は「有用労働」だったのだ。

世界には膨大な種類の労働がある。食べ物を生産する農家もいるし、寿司を握る板前もいれば、漫画を描く漫画家もいるし、排泄する芸術家もいる。その労働の成果物に使用価値を認められ、**市場で売れさえすれば、価値は証明**され、その商品に含まれる労働は有用労働だということができる。

超訳

商品生産は分業で行う

【第1巻1章2節】

商品の生産には分業が不可欠だが、分業に商品生産が不可欠というわけではない。

インディアンの社会にも社会的な分業があったが、商品は生産しなかった。というのも、資本主義社会の工場では労働がシステムごとに分業されているが、インディアンのように工場内で生産物を交換することはない。

また、社会で交換される商品は、質的に違う種類の労働によって、独立的に生産された物でなければならない。全ての商品には有用労働——具体的な目的を持って行われた生産的な行為——が含まれている。商品に含まれる有用労働が、他の商品に含まれる有用労働と質的に違うからこそ、商品としての有用価値を持つ。

生産者たちの有用労働の質的な違いが、社会の分業を生むのである。

商品の存在は、**社会的な分業を前提条件**とする。もし分業がなければ、この世でもっとも重要な職業は食べ物を生産する職業――農業や漁業――である。小説家や、画家が富を得る機会はない。分業があるからこそ、村上春樹のような人気作家は、小説を書くだけで富と名声を得ることができる。

現代社会では、人気スポーツ選手や歌手、映画俳優は莫大な報酬を手にすることができる。タイガー・ウッズは一年に約49億円もの収入を得ている。これは大会の賞金というよりは、ビデオゲームの権利、ゴルフ場の設計、広告などに依るところが大きい。これらの収入は言うまでもなく、ビデオゲーム、ゴルフ場、広告とマスメディアが存在することが前提条件となっている。

これこそ、資本主義社会下で可能になったことだ。大昔、スコットランドの荒野で、暇を持て余してスティックでボールを打つ遊びを純粋に楽しんでいた人々は、その遊びで**経済的な利益を得ることはできなかった**。

ゴルフを商業化する資本はもちろん、テレビ放送や、ビデオゲームを可能にするテクノロジーの基盤があるからこそ、タイガー・ウッズは莫大な富を築くことができたのだ。**発達した文明は、高度な分業社会**なのである。そして、そういった社会には、分業が発達していない社会に比べ、はるかに多い種類の有用労働が存在する。

超訳

違う種類の労働

10メートルのリンネルが外套《がいとう》の半分の価値だとすれば、20メートルのリンネルは外套と同じ価値ということになる。このような交換を可能とするためには、双方を作る労働が、同じ種類の労働であるときだが、問題はリンネルの裁断と、外套を縫製する作業は、質的に違う労働だということだ。

では今度は、ある労働者が裁断と縫製を、交互に行っている場面を想像してみよう。

この場合、それぞれの作業の形は違うが、結局はひとりの労働力による仕事である。つまり、労働の具体的な形態を除いて考えてみれば、裁断と縫製は両方とも、人間の労働力を消費する活動である。人間の筋肉や頭脳、神経を使う活動である。こうすれば、全ての労働を一般的な労働として考えることができる。

もし技術力の高い労働者が商品を速く生産する場合、それは一般的な速度の、単純な労働が増大されたこととして一般化することができる。このことから私たちは、すべての労働をこのような単純な労働だと仮定する。

【第1巻1章2節】

海に出てマグロを釣ってくる漁師の労働と、漫画を描く漫画家の労働は質的に異なる。労働の結果の使用価値も、その中身が全然違う。だが本文にあるように、**労働の具体的な形を除いて考えてみれば、漁師の労働も漫画家の労働も、「人間の筋肉・頭脳・神経を使う活動」**である。

もちろん漁師の方がずっと多くの筋肉を使ってマグロと格闘しているだろうが、漫画家も自分なりに神経を使って作画をし、頭脳を使ってストーリーを考えている。漁師も漫画家も、労働で消費したエネルギーを補充するために食事をする。そして、労働の過程ではエネルギーを消費する。すべての労働を、人間の頭脳や身体を使う活動として一般化すると、漁師の労働も、漫画家の労働も、その本質は同じだと見なすことができる。

では質的に違う漁師の労働と漫画家の労働を、どう比較することができるだろうか。

例えば、漁師の1時間の労働の価値と、漫画家の1時間の労働の価値の比率はどうなるだろうか。その比率は交換という社会的な行為を通じて決まるようになる。**自由な取引が行われる社会では、社会的に必要な労働の価値が、価格に正確に反映**される。全ての労働――違う種類の労働も、そして上手な労働と下手な労働も――量的に比較することができるということが本文の要点である。

超訳

商品の価値

【第1巻1章3節】


商品は、鉄、服地、穀物など、それぞれに使い道がある。

だが、商品を商品たらしめるのは、二面性、つまり使用の対象であると同時に、価値を持っているからである。商品の価値は、他の商品との相対的な関係で表現される。

例えば「20メートルのリンネルは1着の外套と同等」のような等価関係である。どの商品も自分自身に対しては等価関係を結ぶことができないため、他の商品との等価関係で価値を表現しなければならない。ということは、価値の背後には社会的関係が隠れていることを暗示している。

といっても、商品の価値は比較の結果ではない。

比較によって、商品に内在する使用価値が可視化されただけのことだ。

あくまで他の商品に対する等価価値は商品の実体に依るものであり、それはすなわち、人間の労働が実体化されたものだ。

漫画『ドラゴンボール』には、スカウターという道具が登場する。これを使うことで、敵味方の戦闘力を数値で把握することができる。敵の戦闘力が「10」で、私が「12」ならば、私は敵を倒す力を持っているということになる。

残念ながら、現実の世界にはスカウターがないから、人間の戦闘力を簡単に測ることができない。人間同士で殴り合うなどして、**他人と比較することでしか自分の強さを知ることはできない。**同様に、商品に内在する価値も、他の商品と比較することでしか計れないのである。

戦闘力という概念は、「他人と戦う」ことを前提条件とする。つまり、相手に「勝つか、負けるか」という社会的関係が隠されているから、どちらが強いのかを決めることができる。商品の場合、背後に隠されている社会的関係は「どういった比率で交換するか」だ。比率が決まれば、それぞれの価値が把握できるのである。

すべての商品の比較を通じて、価値の比率の数値が分かると、各々の商品の価格が決まる。その価値を貨幣で表現するのは、その後の話である。スカウターがなくても、孫悟空には戦闘力が内在しているのと同様に、貨幣がなくても、商品には価値が含まれているのだ。価値は、各々の商品の比較を通じて知られるものであり、その中身は、**使用価値を実体化した人間の努力、すなわち労働の量**である。

超訳

物神崇拝

【第1巻1章4節】

商品の価値は、他の商品との比較という、社会的関係を通じて見えるようになる。だから商品を作り出した人間たちの社会的関係も、まるで物たちの関係のように見える。

例えるなら、宗教の世界では人間の頭脳の産物が実在の人物のように登場し、それらがお互いに関係を結んだり、人間と関わったりしている。

商品の世界では、人間の産物である商品がこのように振舞っているのだ。

この現象を私は「物神崇拝」と呼ぶ。

物神崇拝は労働の産物が、商品として生産されたとたんに付加されるものであり、商品の生産とは切っても切れない関係にある。

宗教の世界では人間の頭脳が生み出した神や天使、悪魔などが、あたかも生きているかのように登場する。そして天使と悪魔が戦ったり、神が人間を審判したり、反対に助けてくれたりする。神や天使、悪魔が「人間の想像の産物」と割り切ってしまえば、神を崇拝する人々は、自分の頭脳から生まれたものを崇拝していることになる。

商品の世界では、人の労働の産物、すなわち商品が人間と関係を結んでいる。経済的関係はすべて商品を通じて行われる。人間の労働はお互いに交換されるが、それは直接交換されるのではなく、商品の形で交換される。我々は商品を買うとき、**それが誰の労働の産物か、特に意識しない。**

例えば市場で5000円で売られる米は、あくまで5000円の価値を持つ商品に過ぎない。農家がそれを育てるためにいかに努力したか、重い米俵を市場まで運ぶのに、運搬業者がどれだけ苦労したか、知ることはない。米俵に足が生えて、自ら市場に入ってきたとしても、消費者の立場から見れば同じ米に変わりはない。それは米を生産し、運んだ労働が、**米という商品の表層に隠れてしまっている**からだ。

本書の冒頭で解説した通り、富は「商品の集まり」である。資本主義社会で富を追求することは当然だが、その過程で商品の深層にある「人間の努力」は交換価値という表層に隠され、無視されてしまう。

頭脳が作り出した悪魔や天使は、信仰を捨てれば消えてしまうが、資本主義社会の物神崇拝が消えるには商品の生産が中断されなければならない。無論、そんなことはあり得ない。だから、**物神崇拝などの非人間的な面は商品の生産、そして資本主義システムの必然的な結果**なのである。

超訳

交換と貨幣

【第1巻2章】

商品は、それを持つ者にとっては使用価値がない。所有者にとっての使用価値があるならば、最初から市場に出ていないはずだからだ。

商品はあくまで、それを持っていない人にとっての使用価値を持つ。だから、すべての商品は交換されなければならないのだ。

交換のとき、商品の価値を知るためには、ある基準となる商品と比較する必要がある。

特定の商品がその基準になるためには、社会的な過程が必要不可欠だ。社会的な過程を通じて、その商品の特有の機能は排除されていき、それは貨幣になった。

商品は、理論上はどの商品もお互いに交換できることになるが、現実ではそううまくはいかない。物々交換の時代、漁師が食器を買うために魚を持って食器屋を訪ねたとする。だが食器屋は、「俺は魚は要らない。米が必要だ」と言うので、漁師はその足で農家に行って、魚と米を交換しようとする。しかし農家は**「魚は食べ飽きた。それより草刈りのための鎌が欲しい」**と言う。漁師は鍛冶屋に行って魚と草刈りの鎌の交換を提案し、何とか承諾を得ることができた。そして鎌を持って農家を訪ね、米を手に入れると、食器屋に戻って米と食器を交換する。

このような不便は、昔の人だけではなく、近代の探検家たちの多くも経験したことである。貨幣を知らない原住民から必要なものを買うためには、まず彼らが必要とするものを手に入れる必要があった。

「私に必要なものを探して来い」

これでは、まるでロールプレイングゲームのミッションのようだ。

「自由な交換」という理想が現実の世界で実現するためには、交換の基準となる商品が必要だ。前述の事例でも挙げた通り、米がその役割をしていた時期があった。米は誰もが必要としているし、量の調節も容易だ。時間が経つにつれて、米は食べ物としての使用価値以外の交換価値を社会的に認められ、貨幣の役割をしたのだ。その後、運搬も便利だし腐らないメリットもある黄金が貨幣として使われ、装身具などを作る黄金特有の機能はどんどん衰退し、交換の媒介としての機能だけが残ることになった。

こういった成り行きを、本文では**「社会的な過程」**と表現しているのである。

超訳

貨幣の役割

価値は、他の商品の価値との比率として比較される。そこで円滑な交換のために、交換手段として適切な商品が貨幣の役割を担うようになる。やがて均質な量で価値を表すことができる、貴金属が貨幣の役割をするようになる。

貴金属は自由に分割することもできるし、再結合させることもできる。

難しいのは、「お金も商品の一種」だということを理解することではなく、商品がなぜ、お金になるのかである。

お金は、他の全ての商品と同じく、自分の価値を他の商品との相対的な価値でしか表現することができない。お金の価値も、それを生産するために必要な労働時間で決まる。

黄金と銀は、土から採掘されるやいなや、人の労働を直接的に具体化するわけだ。

【第1巻2章】

少量でも高い価値を持ち、腐らず、量を自由に調節することができるもの――貴金属が貨幣の役割をするようになったのは、とても自然なことである。少量でも高い価値を持つものとしては宝石もあるが、望む価値の通りに量を調節することができない。

例えばダイヤモンドを半分に割って代金を支払うことなどできない。また、石によって大きさと等級が違う。だが、金属は溶かせばいろいろな大きさに作り変えることができるし、等級の差もない。「ふーん、これは日本で採掘された黄金だから、南アフリカ共和国の黄金より値が下がるね」などということはありえないのである。純金属は、ひとつの原子で構成される純物質だから、精製すると均一なものができる。

貴金属の値段が高い理由は、それを採掘するために多くの労働力を必要とするからである。**「黄金は銀より美しいから価値が高い」のではない。**埋蔵量が少なければ少ないほど、それを採掘するために多くの労働力がかかるから、価値が高いのである。19世紀には、アルミニウムが黄金よりずっと値段が高かった。そこでフランスのナポレオン・ボナパルトは宴会で、部下たちには金や銀の食器を使わせ、自分はアルミニウムを使った。だが、1886年に米国でアルミニウムを大量生産する方法が開発されると、その価値は下がり、今ではコーラの缶などに使われている。

長い歴史の社会的な過程で黄金が価値の基準になったのは、交換価値の観点から言えば**「黄金の採掘に必要な労働の量」が「他のすべての労働の量」の価値の基準になった**ことを意味するわけだ。

【豆知識】お金はどこから来るか

本章では、「お金を動かす原動力は商品の使用価値だ」ということ、そして「使用価値は人間の労働力が生み出した」ことだと説明した。これでお金の動きがつかめたかと思うが、そもそもそのお金はどこから来るのだろうか？　貨幣発行のメカニズムがマルクス時代とは変わったから、ここで説明しよう。

右の問いに対して、もっとも多く返ってくるであろう答えは「国家が紙幣を印刷して発行しているんでしょ？」というものだ。ところが、印刷される紙幣は、全体の通貨量に比べると無視しても良いくらいに少ないのだ。

1章の「豆知識」において、銀行の起源は黄金がお金として使われていた時代に始まった、黄金を金庫に保管するサービスにあることを説明した。そして、その黄金の預かり証が紙幣の始まりだったとも述べた。銀行はお金が必要な人に預かり証、すなわち紙幣を貸して、利子を得る商売をしたが、それが金融業の始まりだった。さて、ここで面白い事件が起こる。

銀行は、金貸し業をするうちに、顧客たちが同時に黄金を引き出すことはない、と悟る。さらに、金庫に黄金がいくらあるか、どうせ誰も知らないことに思い至る。そこで、実際に銀行が持つ黄金よりも多い金額の預かり証を発行し、それを貸す商法を考え出す。

例えば金庫に1億円に当たる黄金があれば、100億円の預かり証を発行して貸せば、金貸し業で得られる金額は100倍にもなる。

これは明らかに詐欺だが、顧客が大挙して預かり証を持ってきて金庫の黄金を引き出してしまわない限り、まったく問題なく銀行を運営することができる。

いずれは銀行の所業を皆が知るところとなるが、もはやそれは習慣になっているし、社会にとって銀行は必要不可欠な機能を果たしていた。仕方なくその習慣を国家も認めたが、リスクはあった。大勢の人が金庫の黄金を引き出す（これをバンクラン、または取り付け騒ぎと呼ぶ）危険だ。その危険は、金庫にある実際の富に比べて、多い価値の紙幣が発行されるほど高くなる。例えば、実際に金庫にある黄金の量が1万円なのに、紙幣を100億円発行すれば、ある顧客が1万円の黄金を引き出すことだけで銀行は破産してしまう。

そこで「預金準備率」という概念が導入された。「法律により、銀行には10％の預金準備率が必要」という状況を仮定すると、金庫に1億円の黄金があれば、最大9億円の紙幣を発行することができる。この場合、金庫の1億円は「預金準備金」と呼ぶ。

貨幣制度が金本位制ではなく信用貨幣となった現代でも、預金準備率の概念は健在である。銀行は金庫に、法律が決めた銀行準備金を実際の貨幣で保管していなければならない。現代の銀行の法定預金準備率は一般的に1％以下で、かなり低い方だ。1％と仮定しても、銀行は1億円さえあれば99億円を人々に貸すことができる。

つまり、実在する富よりずっと多いお金が、銀行からの融資を通じて生じるのだ。これはこの世に流通するお金のほとんどが、お金を借りるときに発生することを意味する。そしてその過程で発生するお金は、ただ銀行のコンピュータに数値で記録される。現代のお金とは、実物の富とは関係ない、人為的に作られた預金準備率のルールと、銀行の融資の過程で発生する架空の数値にすぎないのだ。

Ultra Translated Das Kapital

３章

資本、それはお金を稼ぐお金

資本は、「お金を稼ぐお金」と定義することができる。

読者は、「普通の人はお金のために働くが、お金持ちはお金を自分のために働かせる」といった言葉を聞いたことがあるだろうか。

資本家は働かずとも莫大な資産をさらに増やしていくが、普通のサラリーマンは働いても働いても、いつもお金が足りない。

それは資本家のお金は「資本」だが、普通の人のお金は「資本」ではないからである。本章ではどうしてお金がお金を稼いでいくるのか、その仕組みを解説していこう。

超訳

資本とは？

【第1巻4章】

商品の流通は、資本の出発点である。お金が「資本」なのか、それとも「ただのお金」なのかは、その流通形態の違いによって決まる。商品流通のもっともシンプルな形は、

商品→お金→商品

である。これは商品を売ってお金を得て、そのお金で他の商品を買うことだ。これは商品がお金に変容し、お金が再び商品に変容すること、もしくは買うために売ることである。だが、私たちはこれ以外の形の流通を知っている。それは、

お金→商品→お金

である。これはお金で商品を買い、その商品を売ってお金を得ることだ。お金が商品に変容し、そして商品が再びお金に変容すること、もしくは売るために買うことである。このように流通するお金を、「資本」と呼ぶ。

「資本」と「お金」のどこに違いがあるのだろうか。お金は資本になることができるが、すべてのお金が資本というわけではない。「資本」は、循環を通じて自己増殖するお金である。どんどん大きくなっていく資本の様子は、投資家ウォーレン・バフェットがよく使った言葉**「snowball（雪だるま）」**に象徴されている。

漁師が魚を売って５００円を稼ぎ、その５００円でラーメンを食べたとしよう。これは「商品→お金→商品」の形の循環である。ラーメンが漁師の胃袋に入り、この世からなくなることですべて終わりだ。食べ物を得る、つまり使用価値のために使われたこの５００円は「資本」とは言えない。これはただ、ラーメンを食べるために使った「お金」に過ぎない。

貨幣が発明されてしばらくは、古代人のトレードはこのような形だっただろう。そのうち、利口な古代人はこう考えるようになる。「お金があれば、なんでも買うことができる。何よりもお金が重要だ。だから、お金を稼ぐために商品を利用してみよう」

この発想こそ、「資本」の出発点である。彼は、お金で商品を買い、それを他の人にちょっと高い値で売って利ざやを稼ぐ。安く買い、高く売ることを繰り返せば、彼のお金はどんどん増えていく。この場合、トレードは**「お金→商品→お金」の形であり、「商品→お金→商品」より進化**している。

資本とは、「お金を稼ぐお金」である。そして資本は、資本家の富の源である。

後々、商品とお金の交換が錬金術に例えられる箇所があるが、この循環こそ資本家がお金を錬成するためにこなす、錬金術である。

超訳

流通の目的と原動力

【第1巻4章】

「商品→お金→商品」という流通は、ある商品から始まり、ある商品に至って終わる。

そしてその商品は消費され、流通から外れてしまう。この流通の最終目的は消費なのだ。

つまり、使用価値がこの流通の目的である。

逆に、「お金→商品→お金」という流通はお金から出発し、最後にはお金に戻る。

だからこの流通の目的と、それを起こす原動力は、交換価値それ自体である。

正しい例えではないかもしれないが、**「幸せになるために結婚し、その過程で子供を産む」**ことと、**「子供を産むために結婚する」**ことを比較してみよう。事情を知らない人には、双方とも同じような結婚に見えるだろうが、まったく異なる目的を持っている以上、結婚生活は違った形で展開するだろう。

同様に、お金を商品との交換手段として使うのか、それとも、お金それ自体を増やす資本として使うのかによってトレードの動機は違ってくる。

「商品↓お金↓商品」はその目的が使用価値にある。この場合、最初に投入された商品の価値と、最後の商品の価値は同じだ。両端の商品は、価値は同じでも別々の使用価値を持つから、これはこれで意味のあるトレードである。

「お金↓商品↓お金」はその目的が交換価値にある。

この場合、最初に投入されたお金の価値と、最後のお金の価値は異なる。両端のお金の価値がまったく同じなら、この循環は意味がない。最後のお金は、最初のお金より大きくならなければならない。こうして増加したお金が、再びこの循環に投下されるのである。

こうして、ただ**順番を変えただけで、２つの循環は本質的に異なるものになった。**それを動かす原動力、取引の目的、そしてそれに使われるお金の性格まで、違うものになってしまったのだ。

超訳

増えていく資本

【第1巻4章】

「お金→商品→お金」のプロセスでは、お金が増加する。

例えば、私が1万円でコットンを買い、それを1万1000円で売れば、私は1万円を1万1000円と交換したことになる。このプロセスは、次の通り。

お金→商品→お金（増加したお金）

この増加分、最初の価値を超える超過分を、私は「剰余価値」と呼ぶ。最初に投下した価値は、流通の中でも価値を保持するだけではなく、それを増大させ剰余価値を生み出したのである。

このように、**お金がさらなるお金を生む仕組みになっているとき、「お金」は「資本」**と呼ばれる。

資本家の「お金→商品→お金」の循環は、資本家の欲望がある以上、これで終わらない。循環の結果として増えたお金は、再びこの循環に投入され、

お金→商品→お金→商品→お金→商品……

という具合で、終わることがない。こうしてお金の量はどんどん増えていく。このようなメカニズムにおいては、商品はお金を増やす手段に過ぎない。商品を省略すると、

お金→′お金→″お金

という風に、**永久に資金が増加していく仕組み**が見える。

もちろん現実には投資金を回収できず、「′お金」が「お金」より小さくなって失敗する資本家もいるだろうが、これはあくまで資本が増えていくメカニズムを説明するための「モデル」だと理解して欲しい。モデルとは、現象を説明するための道具である。

例えば、内臓の配置を描いた人体図は、人体自体ではないが、そのメカニズムを説明している。ただ人体図で胆汁の役割を説明しても、「私は胆嚢を摘出したから胆汁が出ない」という人もいるだろう。

その人体図はあくまでも、正常な状態のメカニズムを説明するモデルなのだ。

病気で変更されたメカニズムを説明するためには、他のモデルが必要だろう。それに、病気の仕組みを知るためには臓器本来のメカニズムを知らなければならない。同様に、私たちの目的も**資本本来のメカニズムを知る**ことに尽きる。

超訳

工業も商業と同じ

【第1巻4章】

売るために買う、もしくは高く売るために買うことは、商業に限ったことだと考えがちだが、実は工業の資本も同じ方式で動く。工業では、お金で原材料を買い、商品を作ってそれを売ってお金を得る。つまり工業も結局、商業と同じく、

お金→商品→お金

と表現することができる。途中の商品を省略してみると、

お金→お金′

になる。つまり、元のお金がより高い価値のお金に変化している。

これは分野を問わず、一般的な資本を表現する公式なのである。

有名な「アリとキリギリス」の寓話で、アリは夏に真面目に働いて食べ物を集めておいて、冬にそれを消費することで生き残るが、キリギリスは夏に遊んでばかりで食べ物がなかったため、冬に死んでしまう。

アリは労働で使用価値を生み出し、それを自分で消費することができたが、キリギリスは労働をしなかったから、自分に必要な使用価値を生み出すことができなかった。私たちには馴染み深い寓話だが、これは**商品の交換がまったく存在しない世界**を前提条件としている。

実は資本主義社会では、その逆の場合が多々ある。アリは熱心に働いても貧乏だが、キリギリスは遊びながらも裕福だ。キリギリスが資本家の場合は、資本は「お金→'お金」のメカニズムにより、自己増殖する反面、**資本のないアリは休息したくても、体が痛くても、働かなければならない。**

本文にある通り、「お金→'お金」、もしくは「お金→商品→お金」は、一部のビジネスに限らず、すべての種類の資本に適用できる、錬金術の公式である。錬金術でキリギリスは元手のお金を、さらに多いお金に増やす。**お金が雪だるまよろしく自己増殖するから、キリギリスは働く必要がない。**

だが、ちょっと待って欲しい。錬金術の基本原則は、「等価交換」ではなかっただろうか？

いくら魔法のような錬金術でも、最初投入した量より多い量が次々に生み出されるのは、理屈に合わない。実は、その謎を解き明かすことが、マルクスの『資本論』の重要な目的のひとつである。

超訳

流通は価値を生まない

同じ価値の商品が、お互いに交換されても剰余価値は生まれない。流通、つまり商品の交換だけでは価値を生み出さないのだ。

「お金→商品→お金」のように、高く売るために買うという循環は、流通の世界で起こるものである。このような交換は、等価のもの同士が交換されることになり、剰余価値は生み出さない。

このような方法で商人が得た利益はただ、買うときと売るとき、二重であげた利益に過ぎない。彼は生産者と購買者の間に割り込んだ寄生虫でしかない。

お金の資本への転換も、このような商品の交換の掟を守らなければならない。だから、資本家は、商品をその価値で買い、その価値で売りながらも、最後には自分が投資した価値より多い価値を作り出さなければならない。

【第1巻5章】

「お金→商品→お金」の流通では、「お金→商品」も等価交換であり、「商品→お金」も等価交換である。それが流通の掟だ。資本家は、その掟を守りながらも、最初のお金より、最後のお金を大きくしなければならない。どうやったらそんなことが可能なのだろうか？

普通は、「お金→商品」という購入の過程で、商品を実際の価格より安く仕入れて、「商品→お金」という売却の過程で、買った価格より高く売れば、それができるのでは？　と考えるだろう。例えば、本来1000円の価値のものを私が500円で仕入れて、1000円で客に売れば良いのである。

これを可能にするためには、生産者は自分の商品が1000円の価値だと知らず、私が売る客も、私が500円で商品を仕入れたことを知らないようにする必要がある。だが、もしも皆が、価値について正確な情報を持っていると仮定すれば、このような商売は不可能だ。

「皆が正確な情報を持って、もっとも理性的に判断する」――これは経済学の基本的な仮定でもある。特に多くの商売が自由に行われる社会では、この仮定は現実に近い。だからこそ、資本家は「お金→商品→お金」のプロセスの中の「お金→商品」も「商品→お金」も等価交換にしなければならないのだ。

資本家は、こうしながらも最初のお金を、プロセスを通じて増やさなければならないが、すべての流通の掟は等価交換だから、これは不可能なことに思える。

不可能が可能になる謎への答えは、次章で紹介することにしよう。

【豆知識】『資本論』は経済学か

この章では、「商品→お金→商品」や「お金→商品→お金」など〝経済学らしい〟図式が登場した。

しかし、それが決して難しい概念ではないことは、読者も分かっただろう。『資本論』は経済学理論である。原書を直接読んでも、複雑過ぎて理解しにくい。数式や計算も多く登場するし、その量も2600ページにのぼる。だが、丹念に読んでみると、数式や図式にそこまで特別な意味が含まれていないことが分かる。それらはただ、マルクスの主張を論理的に展開するための手段に過ぎないのだ。

「労働が生み出した価値－労働力の価値＝剰余価値」

という数式は、「労働者は自分の労働で生み出した価値より少ない価値の報酬を貰い、その差が資本家が奪う剰余価値になる」というマルクスの主張を、数式の形で表現したに過ぎない。実は現代の経済政策に影響を与えている主流の経済学理論も同様だ。

「科学ってもっと厳密なものなんじゃないの？」と感じた読者もいることだろう。それは当然だ。たくさんの人間が関係する現象を説明しようとする経済学は、そもそも研究の対象が複雑すぎる。現在の人間の知的レベルでは、その現象を完璧に説明することはできない。

「経済学は物理学ではない」とよく言われる。例えば、量子力学で計算した予測と、実験の結果を比較するとその誤差はなんと100億分の1以下だ。誤差がまったくないと言っても良いほどの正確さだ。医学や気象学の正確さは、ずっと劣る。そして、経済学の予想力はそれよりもさらに不確実だ。

経済学は社会の現象を説明するために作られた社会科学だ。複雑な経済活動から規則性を発見し、そのメカニズムを説明することを目的としている。だが、これまで人間の経済活動を説明する、完璧な理論は登場していない。そもそも経済学が物理学のようなレベルにあれば、ノーベル経済学賞の受賞者たちが設立し、自分たちの理論の通りに投資したヘッジファンド（1998年のLTCM）が40億ドルを失って失敗するはずがない！

だから「社会科学は本当の科学になれるのか？」という批判が絶えない。さらに深刻な問題は、社会科学はその理論を作る人間の価値観から、自由になれないことだ。

例えば「経済活動の主体は、もっとも合理的な判断により行動する」という主流の経済学の前提は、「人間は理性ばかりで行動しない。市場でも、多くの非理性的な行動が行われているではないか」と言う主張によって批判することができる。

『資本論』が主張する剰余価値の概念も、証明することができないので多くの論難の対象になる。同様に「見えざる手」といった主流の経済学の命題も証明することができない。これは真理か虚偽かの問題というより、学者の価値観が反映された仮定だと考えるのが自然だ。主流の経済学も同様だが、『資本論』を含めすべての経済学理論は、特定の価値観と哲学に基づいていると理解すれば良いだろう。なので、現代の主流経済学は資本家の立場を、マルクス経済学は労働者の立場を反映していると理解すれば良いだろう。

Ultra Translated Das Kapital

４章
労働力は労働者が売る商品である

豆腐屋は、豆腐を商品として売る職業である。魚屋は、魚を商品として売る職業である。

では、サラリーマンは？

サラリーマンは、労働力を商品として売る職業である。労働市場では被雇用者が自分の労働力を商品として売り、資本家はその労働力を買い、それを利用してビジネスを行う。

考えてみると、サラリーマンが売る商品は、豆腐屋や魚屋が売る商品と違う性質を持っている。サラリーマンは自分の時間、ひいては自分の人生を資本家に売っているからだ。本章では労働力という商品と、資本の関係について調べてみよう。

超訳

労働力という商品

お金はただ、同じ価値の物を買い、同じ価値の物を売る手段に過ぎない。

だから「お金↓商品」と「商品↓お金」は等価交換なのである。

つまり「お金↓商品↓お金」で「お金」が「お金」に増加した価値の変化は、真ん中の「商品」が消費される段階で起こることだと結論付けられる。

資本家は幸いなことに、労働力、もしくは労働能力という特別な商品を発見した。

労働力という商品は、「価値の源」という特別な性質を持つ。

つまり実際に使われるときにその使用価値を生み出す、ユニークな性質を持っている。

労働力、もしくは労働能力は、所定の使用価値を生み出すことのできる、人間に内在する精神的・肉体的能力ということができる。


【第1巻6章】

「お金↓商品↓お金」という資本の変容の流れと、水が氷になり、また水に戻る変化を比較してみよう。

水↓氷↓水

このプロセスによって水の量が増加することはない。水が増えていたとしたら、それは**どこかで水が追加された**としか考えられない。では今度は、このような場合を想像してみよう。

私は1000円を支払い、熱帯魚を10匹買った。次の日の朝、水槽を覗いた私は驚いた。なんと熱帯魚が10匹から50匹になっているのである。どうやら繁殖して40匹増えたらしい。結果として、私が買った商品はその価値が5倍になった。私はそれを全部、5000円で友達に売った。

1000円↓10匹↓50匹↓5000円

途中で何が起こったのだろう？　**私が熱帯魚を買うとき、熱帯魚の繁殖能力も一緒に買ったこと**になる。1000円で10匹を買った時には、それが等価交換であった。そして5000円で50匹を売ったときも、等価交換であった。つまり、価値の増加は、**流通の過程ではなく、商品（熱帯魚）の中で発生した**ことになる。本文の「価値の変化は、その使用価値から、つまり商品が消費される段階で起こる」というのが、これである。

このことから、私たちは自ら価値を生産することができる商品を買えば、等価交換のルールの下でも、価値を増加させられるのだと分かった。**資本主義のシステムでは労働者が熱帯魚にあたる。**資本家の富の増加は労働者が生み出す価値に依るのである。

これについて続いて説明してみよう。

超訳

商品としての労働力①

【第1巻6章】

お金の持ち主、つまり資本家が、商品として販売する労働力を探すためには、いくつかの条件が満たされなければならない。

市場で労働力が商品になるためには、労働力の持ち主（労働者）が、その完全な主人となって、購買者（資本家）と法的に同等な関係にならなければならない。そのためには、まず第一に、労働者は自分の労働力を売るときに、所定の期間に限って売らなければならない。

そうではなく、もし労働者が自分の労働力を完全に売ってしまえば、それは自分自身を売ることになり、自分を自由人から奴隷に変えるからである。それは、労働者が商品の持ち主から商品に変わる瞬間である。

サラリーマンが職場で屈辱を感じながら、奴隷のように働いたとしても、彼は法的には奴隷ではない。なぜなら、彼は決まった時間に限って雇われるからである。生涯拘束されて働かされる人は奴隷だが、自分の意思で決まった期間に限って働くのは、その仕事がいくら酷くても奴隷ではなく自由人だ。

どの社会でも、嫌な仕事を引き受けてくれる人々を必要とする。**きつい仕事、汚い仕事、危険な仕事をしてくれる人がいなければ、社会は存続することができない**。昔の社会は、主人に完璧に隷属する奴隷を必要としたが、現代の社会は、自分の衣食住を自分で解決する奴隷を必要とする。その「自由な奴隷たち」は、需要と供給の原理により、決められた価値で自分の労働力を売るようになる。

現代社会では「私は完璧に奴隷だ」とか、「私は完璧に自由人だ」と断言できる人は少ないのではないだろうか。代わりに、**「他人にどの程度隷属しているか」**によって支配構造を表すことができる。もし、労働者に事情があって他の方法でお金を稼ぐことができず、会社に完璧に依存しなければならない状況ならば、それは奴隷に近い状態である。

もし、会社がなくなっても、他の方法でお金を稼ぐ能力があれば、それは自由人に近いと言える。法的には自由人だが、能力不足で実質的な奴隷である人もいる反面、形式的には労働者だが、実質的な自由人もいる。現代の資本主義社会では、自分の能力により、自由になるか、奴隷になるかが決まるようになっているのだ。

超訳

商品としての労働力②

【第1巻6章】

そして、第二に、労働者は自分の労働力で作った他の商品を売るのではなく、自分の労働力自体を売らなければならない。

労働力以外の商品を売るには、生産手段——原材料や道具など——を持つ必要がある。

そして商品を売るまでの生計の手段が必要だ。誰も未来の商品で生活することができないいし、未完成の段階の商品は売ることもできないからだ。

資本家は労働力を得るために、市場で自由な労働者を探す。

その労働者は自分の能力だけでは労働力を現実化できない人、つまり自分の能力だけでは、他のどの商品も売ることができない人である。

資本の搾取のメカニズムを知らずとも、サラリーマンであれば誰もが、いくら熱心に働いても十分な報酬を得られない不満や、人生を誰かに奪われている閉塞感を抱いたことがあるだろう。

だが、サラリーマンに**「そんなに不満なら、他人のために働かず、自分のためのビジネスを始めればどうだ？」**と尋ねても、ほとんどは「事業を興す資金がないから……」と答えるだろう。さらに、自分の会社や店を設立するためには、必要な設備の準備、生産の方法、営業の方法、税金や会計関係の知識など、ノウハウが必要だ。

会社に勤めていた頃は他人がしてくれたことも、直接ビジネスを始めようとすると、それを自分が知らなければならない。こういった情報や知識の不足も、サラリーマン以外の方法でお金を稼ぐことができなくなる理由である。**サラリーマンが会社のために働く理由は、生計を維持する他の手段がない**からだ。

筆者の友人に、長い間ガソリンスタンドで働いた後、貯めたお金で独立し、ガソリンスタンドを開業して成功した者がいる。初めはお金がなかったから雇われる以外の方法でお金を稼ぐことができなかったが、その間蓄積したノウハウとお金で独立し、資本家に転身したわけだ。

だが、このような人は少数に過ぎない。普通の人は、自分の労働力を商品として市場に売る方法しか、お金を稼ぐ方法を考えられない。それは国の教育システムが、資本家よりは労働者を育てることに集中しているからでもあるし、親が一生労働者だったために、自分も資本家になるという発想ができないからである。物質的な障壁だけではなく、精神的な障壁もあるのだ。

このような理由で、**資本家は市場で自分に必要な労働力を、いくらでも探し出すことができる。**

超訳

労働力の価値

【第1巻6章】


私たちは労働力という、この奇妙な商品を調べてみなければならない。

労働力は他のすべての商品と同じように、価値を持つ。

この価値はどうやって生まれるのだろうか？

労働力の価値は、他のすべての商品のように、それを生産するためにかかった労働時間で決まる。それは、労働力を維持するためにかかる費用の価値である。

労働力は、それを発揮する方法でしか現実化することができない。

労働力を発揮すると、人間の筋肉や神経、頭脳がすり減る。だから労働力を維持するためには、食べ物や衣類、家などが必要だ。労働力を維持するために必要なその費用は、属している国家と時代さえ分かれば、大抵算出することができる。

「ビッグマック指数」という指標がある。これは国家別の物価を比較するために、イギリスの雑誌『エコノミスト』で導入されたものである。**「各国のマクドナルドのビッグマックの価格を比較して各国の物価を比較する」**というこの指数は、最初は悪戯半分で導入されたが、現在では国家別の体感物価を知るために本気で使われている。

例えば中国ではビッグマックの価格は3・10ドルだが（2018年のデータ）、ノルウェーでは5・22ドルである。物価が高いノルウェーでは、本文が言うところの、労働者が**「労働力を維持するために必要な費用」**が、中国の労働者より高くかかることになる。

国家や社会によって差はあるものの、労働力を維持するために必要な最低限の費用は、そんなに多くかからない。人は基本的に、食事をするだけで働くことができる。それは清掃人も、科学者も、芸能人も同じだ。資本家は、労働力を買うとき、労働力を維持することに必要な最低限の費用を支払い、それからできるだけ多くの成果を引き出そうとする。

極端な事例としては、生活をギリギリ維持することができるだけの給料しかもらっていない科学者が、バイアグラのような稀代の発明品を開発した場合、彼を雇用した資本家はほぼタダで莫大な利益をゲットできる。これは冗談ではない。スポーツ用品メーカー、NIKEのロゴマークは、たったの35ドルで売られたものだ。こうした実話は**「労働力の価値と労働の結果のおびただしい乖離」**という皮肉を教えてくれる。労働力を維持する費用は少ない反面、労働力の潜在能力は無限なのだ。資本家にとっては、労働の結果が、労働力を買った費用を上回りさえすれば、利益を得ることができる。

超訳

労働力と労働

【第1巻6章】

労働力という商品の奇妙さは、他の商品と違って売買の契約が結ばれた瞬間、購買者がその使用価値を得るわけではない、ということだ。労働力という商品の使用価値は、それを買った後に使わなければ生み出されない。

購買者が労働力を買うことと、それを使用することとは、時間的に分離されている。従って給料は、契約上の時間の労働が行われた後に、支払われるのが普通だ。だから、資本家はお金を支払う前に労働者の労働力を先に使い、労働者の労働力は、労働者がお金を受け取る前に使われるようになる。

普通の商品は、お金を支払ったとたんに自分の物となり、その使用価値を享受することができる。例えば、私が自販機から缶コーヒーを買うと、すぐにそれを飲むことができる。車を買えば、すぐに運転することができる。それが普通の商品だ。

労働力も車や缶コーヒーのように商品の一種だが、購買者がそれを買ってもすぐにその使用価値を享受できない点で異なっている。労働力のトレードは、雇用契約書を書くとき結ばれるが、資本家がその労働力を使えるのは、一定の期間にわたって成果が発揮される過程においてである。

労働力は、「働くことができる能力」だ。それは潜在能力に過ぎない。**「うちの子は頭は良いけど、勉強しないから成績が良くないのよ」**と言う場合、〝良い頭〟は潜在能力に過ぎない。いくら良い頭を持っていても、実際に勉強しなければ意味がない。同じように、労働力も実際に働かなければ、何の価値も生み出さないのだ。

だからこそ、実体ではなく潜在能力を買う立場の資本家としては、その**潜在能力が実体化するまでは代金を支払いたくない**。雇用契約書を書いたとたんに「就職おめでとうございます。さあ、これは今月の給料です」と月給をくれる会社など聞いたことがない。その月給は1ヶ月間の労働の補償ではなく、その潜在能力である「労働力」に対する補償だが、その潜在能力は実際に使用しなければ意味がないから、給料は後払いなのである。

【豆知識】主流経済学とマルクス経済学

世界最後の共産主義国家、北朝鮮の唯一の政党は「朝鮮労働党」であり、もっとも多く発行される新聞は「労働新聞」である。彼らは、なぜ「労働」という単語を好んで使っているのだろうか?

それは共産主義が、資本主義への反発から作られた思想だからだ。共産主義の思想は「労働だけが社会の価値を生み出し、それが利潤の唯一の源である」という労働価値論に基づいている。労働価値論は経済学の古典学派の祖、アダム・スミスが考え出した概念だが、彼はそれをあくまで仮説として考えただけだ。後に古典学派でも無視される労働価値論だが、マルクスはそれを借用し、理論の基盤として使った。これまでも見てきたように、彼は商品の価値が、それに含まれる労働によって決まると言った。

古典学派を継承する新古典学派は労働価値論を認めていない。後に現代の主流の経済学になる新古典学派では、商品の価値はその商品が消費者に与える「限界効用」により決まると説明した。限界効用とは何だろう? 例えばあなたが50円で缶コーヒーをひとつ買って飲むと、それは美味しいだろう。

だが、50円をさらに支払ってもうひとつ買って飲むと、それは最初のコーヒーのように美味しくないだろう。もうひとつ買って飲めば？　同じ缶コーヒーでも、それはどんどん不味くなるはずだ。缶コーヒーの数が増加するにつれ、そこから感じる満足、すなわち缶コーヒーの効用が低下することが「限界効用」である。

あなたが持つお金にも限りがある。そして、あなたが消費すべき商品は缶コーヒー以外にも多い。

すると、あなたは全体の効用を最大化する方法で消費するようになる。例えば、缶コーヒーは2本、リンゴは5つ、米は500グラムを買うようにして消費し、全体の効用を最大にするようにお金を使う。

皆がこうして理性的に消費することで、自然に需要と供給のバランスが保たれ、商品の価格も決まる。

以上が限界効用理論の概念だ。

現代の主流の経済学となる新古典学派は、古典学派の理論に限界効用理論を導入した結果、生まれた学派である。「神の見えざる手」という有名な概念があるが、これは皆が合理的に行動するから、限界効用によって経済の問題は自動的にすべて解決される、という主張を意味する。だが、資本主義が暴走した結果、貧富の差の問題や、バブル崩壊や恐慌などが起き、資本主義体制が崩壊する危機にまでなった。

そこで経済学者のジョン・メイナード・ケインズは、「市場は自動的に需要と供給のバランスをとってはくれない」と考え、人間が市場に介入して問題を解決する方法が正しいと主張した。今では景気が悪いときには財政出動をして、市場に政府が介入することが当然だと考えられているが、ケインズ以前の新古典学派だけが支配していた時代は、「見えざる手」がすべてを解決するから、人間は何もしない方が正しいと信じられていた。ケインズはそんな信念を修正したのだ。

現代の主流の経済学は新古典学派とケインズ経済学だ。これらは労働者中心のマルクス経済学と対比されるから「ブルジョア経済学」とも呼ばれる。そもそも労働価値論は証明することが難しい命題だったから、今では「労働価値説」と呼ばれるし、マルクス経済学も主流になることはできなかった。

だからマルクス経済学は、科学の領域よりは哲学の領域に入ったと評価されるのである。

Ultra Translated Das Kapital

5章 資本主義システムでの労働の構造

会社という組織が抱える矛盾を、皮肉たっぷりに描いた米国の漫画『DILBERT』には、次のようなエピソードが登場する。

未来の世界、人類はテクノロジーに通じた利口な人類（典型的な未来人の姿）とテクノロジーをまったく知らない猿のような人類（ゴリラのような姿）に分化して進化する。

会社では、利口な人々は一般社員として働いているが、猿たちは会社のトップとして会議をしている。これは資本主義システムの下の労働の構造をシニカルに見せている。

本章では資本主義システムの下の労働について調べてみよう。

超訳

労働と道具

労働のプロセスは次の3つの要素に分けられる。
1、労働
2、労働の対象
3、労働に使われる道具

道具は、労働する人間と労働の対象の間に位置し、人間の労働を対象に伝えてくれる。果物など、すでに完成された自然物を収穫する活動を除けば、労働者が最初に持っているのは労働の対象ではなく、道具である。動物の中で道具を使うのは、人間だけの特徴なので、ベンジャミン・フランクリンは我々を「道具を作る動物」と定義した。

遺跡で発見された昔の道具を研究することは、まるで絶滅した昔の動物を研究するために化石を研究することと同じく、昔の社会の形態を知るために重要なことだ。何が作られたか、ではなく、それがどう作られるのか、そのプロセスでどの道具が使われたのかが、経済的な時代を区別する基準である。

【第1巻7章1節】

「石器時代」や「鉄器時代」という時代の区分がある。石器や鉄器はもちろん道具である。

原始時代の人が石で魚を切る行為と、現代の寿司職人が包丁で魚を捌く行為は、その巧みさに大きな差があるが、**本質には違いがない**。時代は、労働の中身よりは、道具が何かによって区別される。

活字が発明される以前にも本はあったが、それはいちいち手で写されていた。本という商品の本質が変化したわけではなく、それを生産する方法が進歩したのである。

パソコンとプリンターの発明も、手作業だったり、修正ができないタイプライターで作った文書を、ずっと便利な方法で作り出せるようにしたことに意味がある。こちらも、文書自体の本質が変わったわけではない。

「第三次産業革命」と目される「3Dプリンター」も、既存の製品をずっと簡単に生産することができるという点で意味がある。もちろん、作り出す製品自体の本質が変わるわけではない。

道具は、労働と原材料の間に位置し、原材料の価値を商品に転化させる役割を果たす。テクノロジーのレベルがその効率を決定し、**商品に含まれる労働の価値や、商品の価格に影響を与える**のである。

超訳

結果であり製品でもある原材料

【第1巻7章1節】

労働のプロセスとは、人間の労働が道具の助けを借りて、原材料を変化させることだ。

ここでの労働の対象と道具は生産手段で、労働は生産行為である。

製品の形をとる使用価値は、労働のプロセスから生み出される結果だが、その結果はまた原材料として労働プロセスに投入することができる。

だから、使用価値は、以前の労働プロセスの結果であり、以後の労働プロセスの生産手段でもある。

労働プロセスの結果が、再び他の労働プロセスに投入される、ということもある。

例えば、牛乳は牧場の生産プロセスの結果であり、それ自体が商品でもあるが、これがチーズやヨーグルトの生産プロセスに原材料として投入されることもある。生産の結果だった牛乳が、チーズ工場では生産手段として活用されるわけである。

労働プロセスの3つの要素は労働、道具、原材料だと言ったが、この3つは全て商品である。

資本の観点からは、その原材料が他の労働プロセスの結果だろうが、自然から採取した物だろうが、関係ない。ただ、買った商品で、売るための商品を作る――これが生産プロセスなのだ。

このような視点は、まるでワイン職人と似ている。

ワイン職人は、桶にブドウと酵母を入れ、適切な所に保管する。すると、酵母がブドウを分解し、アルコールを生成する。こうして時間が経つと、完成されたワインが手に入る。ワインを作る人は、自分が直接アルコールを生成したわけではない。実際に働いたのは酵母であって、彼はお金で酵母を買い、ブドウと混ぜただけだ。

資本家にとっては、労働プロセスは商品をインプットすると、商品のアウトプットが出てくる、という行程に過ぎない。インプットが純粋な原材料でも、他のプロセスの結果でも構わない。それはただ、剰余価値を生み出すインプットとアウトプットの連続なのである。

超訳

資本家の目的は剰余価値

【第1巻7章2節】


資本家は商品を、それ自体の使用価値のためには生産しない。資本家が商品を生産する理由はただ、それが交換価値が体現されたものだからだ。

資本家には2つの目的がある。彼は「交換価値のある使用価値を生み出す」ことを望む。

それは〝売れる商品〟を作り出すことにつながる。

そして彼は、その交換価値が「生産費用よりも高い価値で売れる」ことを望む。価値を生み出すだけではなく、剰余価値を生み出そうとするのだ。

資本家の利益と、商品の高い使用価値の具現化は、時に両立し得ない。使用価値を充実させるためには利益が少なくなり、利益を最大化するためには、使用価値を犠牲にしなければならない。

例えば、アニメーション映画『AKIRA』と、劇場版『スラムダンク』を比較してみると、国際的、歴史的に高い評価を得ているのは『AKIRA』の方だが、実はビジネス面では『スラムダンク』に及ばなかった。

『AKIRA』の大友克洋監督は、利益を犠牲にしてでも完璧な作品創りを志向するクリエイターである。職人の精神でアニメーションの質、つまり「使用価値」にこだわるから、制作には多額のお金と長い時間がかかる。その結果、名作が完成したものの、商業的な失敗によって投資金を回収するのには、大いに手間取った。

反面、企画段階から原作の人気に依存し、商業的な目的で制作がスタートした『スラムダンク』は、アニメーションとしての使用価値、つまり作品性は凡庸だったものの、多くの剰余価値を生み出した。

アニメファンはすぐに商業的な成功に走る作品を批判するが、どんなアニメファンでも、いざ自分のお金を投資して制作するとなれば、失敗の危険が少ない方に投資するだろう。

結局、誰でも資本家になれば自分の趣味嗜好や信念を曲げて、お金を守る決定をするようになる。いわゆる**「お金に操られている」**というやつである。

超訳

コットンから糸を生産する事例

【第1巻7章2節】

コットンから糸を生産するために労働者が雇われたとしよう。勤務時間は1日に6時間。賃金は1日に3000円。糸繰り車の減価償却は6時間に2000円。労働者が1日の労働で5キロのコットンから5キロの糸を生産したとする。市場で5キロのコットンの価格は1万円で、糸の価格は5キロで1万5000円である。生産にかかった費用は、コットン1万円、賃金3000円、糸繰り車減価償却分2000円を合わせて1万5000円である。これを市場で1万5000円で売ると、資本家には利益がない。

そこで今度は、勤務時間を12時間にする。すると、機械の減価償却は1日に4000円になり、10キロのコットンから糸を生産するようになる。生産にかかった費用は、コットン2万円、賃金3000円、糸繰り車のすり減った分4000円を合わせて2万7000円になる。こうして生産した10キロの糸は3万円で販売されるから、資本家には3000円の剰余価値が残る。

マルクスの『資本論』にはこのように複雑な説明が多いが、よくよく読んでみると、書かれている内容は簡潔である。というわけで、**本文を読みたくない読者は、この解説だけを読んでも良い。**

この場合、労働者は糸繰り車（道具）を利用して、コットン（原材料）から糸を生産する。その過程で、コットンの価値はそのまま糸に転化される。糸繰り車の価値は、使ううちにどんどん減る。こうして機械の減価償却で減った分は、ムダになるわけではない。それは糸にそのまま転化される。

労働プロセスの3つの要素は、原材料、道具、そして労働だと言った。この中の2つの要素、原材料と道具の価値はそのまま商品に転化される。

だが、労働という要素だけは可変的である。

同じ月給で毎日9時間働かせることもできるが、12時間働かせることもできる。事例では、1日分の給料を払って、6時間働かせるときには剰余価値が0だったが、12時間働かせれば剰余価値を3000円生み出すことができた。

サラリーマンは普通1ヶ月、日雇い労働者は1日を単位として給料を支給されるが、1日何時間働くかは可変的だ。資本家の**剰余価値は支払った給料の価値と、実際の労働の価値の差**から生まれるということが分かっただろう。次項でもこの仕組みを解説する。

超訳

1日の労働

【第1巻7章2節】

雇用主の資本家は1日分の賃金を支払った。だから、1日の労働は彼の所有である。

1日の労働力を維持するために必要な費用が、1日の半分の労働に当たる価値であれば、その労働力は一日中ずっと発揮され、支払った費用の2倍の価値を得ることができる。

資本家は、購入者として個々の商品――コットンと糸繰り車と労働力――に適切な対価を支払った。そして彼は、商品の使用価値を消費し、今度は売り手として市場に返ってきて、自分が作った商品（糸）を、正確な価値で売った。それでも彼は、自分が投下したお金に加え3000円の剰余価値を得ることができた。

多くのサラリーマンは自分の月給を「ひと月分の賃金」だと考え、1日に何時間働いているのかについては深く考えない。たいていの人は、月給が生活に十分で、同じ条件の他人と比べて遜色がなければ、それが当然の価格と見なしている。

ある人の月給が30万円だとしよう。残業代を別に考えれば、1日9時間働こうが、12時間働こうが月給は同じである。実は、これが**月給制の盲点**だ。

もしその月給が、1日6時間働く労働の価値と同じならば、出勤して6時間働くまでは、自分の月給に見合った仕事をしているが、それ以後の時間はまるごと資本家のために働くことになる。例えば1日9時間働くと、3時間は資本家のために働いている計算になる。資本家にしてみれば、見事に3時間分の剰余価値を得たことになる。

1日12時間働けば、6時間は資本家のために働いていることになる。すると資本家は6時間分の剰余価値をタダで得ることになり、サラリーマンを9時間働かせたときより、2倍の剰余価値をゲットすることになる。だが、サラリーマンは、別にそれを不当だとは思わない。月給は生活の維持に十分だし、生活が安定していれば、仕事を辞めずにずっと働くことができるからだ。

ここが重要なのだが、つまり労働者は、彼が生み出す労働の全てを補償されなくても、明日も、その次の日も、働き続けるということである。資本家は生産に必要な全ての商品――原材料、道具、労働力――を、その価値のままで購入した。だが、生産された商品の価値は、生産のために購入した商品の価値の合計より増加した。その増加分は、労働者がタダで働いて作ったということになる。

超訳

労働が持つ2つの性質

【第1巻8章】


生産手段（原材料と生産道具）の価値は、労働によって製品の価値に転化される。

例えば、コットンと糸繰り車の価値は、生産の結果である糸の価値に転化される。

「生産手段の価値を製品に転化する」ことと「新しい価値を作り出して製品に付け加える」ことは、労働の２つの性質である。この２つは完全に分けて考えなければならない。

例えば、新しい発明によって、コットンから糸を作るときに36時間必要だった労働が、６時間に短縮されたとしよう。すると、糸に転化されたコットンの価値は６倍になる。

しかし、同じ量のコットンに含まれる労働の価値は、６分の１になる。

これは、労働の２つの性質が本質的に異なることを証明している。

古代、冷蔵庫がなかった時代、シャーベットが食べたい皇帝のために、**アルプスの山から氷を運んでシャーベットを作る**ところを想像してみよう。そのシャーベットの価値はとんでもなく高い。反面、現代の市場で売っているシャーベットは誰でも安値で買うことができる。

両方とも同じシャーベットだとすれば、使用価値は同等だ。大昔のシャーベットも、現代のそれも原材料の氷の価値と果物の価値が、そのままシャーベットに転化されている。

だが、大昔のシャーベットには、現代とは比べ物にならない量の労働が含まれている。彼らは、シャーベットの原材料を得るためにアルプスに登ったのだ。氷と果物という原材料の価値を、ひとり分のシャーベットに転化した時点では、現代の工場で作ったそれと同じだが、作るための労働の量という点で、思いもよらぬ価値を付け加えたことになる。

それに比べれば、現代のシャーベットは、そこまでの努力はせずに作ったものとみなすことができる。

工場で機械を操作し、大量生産で作られるシャーベット1個分には、人の努力はほとんど含まれていない。おそらく、アルプスを登った努力の数百万分の1ほどに過ぎないだろう。

現代の工場では、価値の転化は昔と比較にならないほど高速で行われる。簡単に作ることができるからこそ、**労働が原材料に付加した価値はとても少ない**。

これで「価値の転化」と、「価値の創出」が別ものだとはっきりしたはずだ。

超訳

剰余価値

【第1巻8章】

さきほどの事例で、労働はただ元金を維持するために必要な6時間で終わらず、12時間続けることができた。労働力は、ただ自分の価値を再生産するだけではなく、追加の価値を生み出す。

追加の価値、つまり剰余価値は、完成された商品の価値から、それを作るために消費された生産手段と労働力の価値を引いて導き出せる。

完成した商品の価値－生産手段の価値－労働力の価値＝剰余価値

人間には無限の潜在能力があるが、**それがいつも正当な報酬につながるとは限らない**。特に労働者として働くときはそうだ。

賃金は労働力に対する報酬だが、それは実際の労働ではなく「労働することができる能力」、つまり潜在能力に対する報酬だということはすでに述べた。

では、これから雇おうとする人に、どれくらいの潜在能力があるのか、資本家は分かるのだろうか？

まったく分からない。例えば、ゲーム会社では、これから雇おうとする人が、後に『ファイナルファンタジー』を作る天才クリエイターなのか、ただのゲーム愛好家に毛の生えたような開発者なのか、働かせてみなければ分からない。

だから、資本家の立場としては「労働の能力」に対して大金を支払いたくない。労働する能力を維持するためには、極端に言えば、衣食住さえ提供すればばいい。どうせ労働者はまだ働いていないのだ。雇用契約のときには、能力を維持できる程度のお金で雇えばいい。筆者が知る経営者は**「会社を辞めないくらい払えば良いんだよ」**と言った。そして、できるだけ多く働かせることだ。

とはいえ、資本家の資本を増大させる主体は、資本家自身ではなく、労働者たちだ。サラリーマンは、いつも自分の賃金以上の仕事をすることで、資本家の資本を増やしているのだ。

超訳

在庫管理も生産活動の一部

【第2巻6章2節】


時間軸を見ると、生産物は生産と消費の間にあるから、在庫の形になるときがある。

生産過程と再生産過程の流れは、一定量の商品が常に市場に存在することを要求する。

商品の保管には追加の労働力が必要なので、商品の価格は上がり、その労働力は資本の一部から流出するため、非生産的な費用といえる。

社会的労働生産性が増加するにつれて、生産規模は拡大し、一緒に在庫規模も増大する。

一定の期間の需要の規模に合わせ、在庫も一定の規模を維持しなければならない。

このような商品の停滞は、販売のための必要条件とみなされる。

在庫は常に消えていくから、絶えず更新して作られなければならない。

起業しようとする人が軽視しがちなのが、在庫の管理費用だ。

マルクスは『資本論』の第2巻で、在庫や運送の費用など、商品の生産と直接関係はないが、販売するために必要な要素を紹介している。それらは商品の価格に反映されるし、生産のプロセスと同じ原理により、労働力の価値は商品の価値に付加される。

例えば、在庫の管理に多くの労働がかかると、当然その費用が商品の価格を上げる。それは、**在庫を管理する労働の価値が、商品に加わった**と考えることができる。

そこで在庫を減らすために、多くの努力が行われてきた。代表的なのは、コンピュータによる管理である。例えばコンビニエンスストアでは、本店のコンピュータで販売量を分析し、「支店Aでは煙草が1日10箱売れるが、支店Bでは70箱売れる」などの情報を収集している。だから、支店AよりBにより多く在庫を送って、倉庫に余分な在庫がないようにマネジメントすることができる。

在庫の管理にも、生産性を高める方法として最新のテクノロジーが使われているのだ。巨大なコンビニエンスストアチェーンは、こうしたシステムがあるからこそ、効率的に運営されている。**数千、数万に至る種類の商品の在庫を、いちいち人が管理し、記録するのは不可能**なことだからだ。

超訳

運送も生産活動の一部

【第2巻6章3節】


一般的には、商品の流通は商品に価値を付け加えることはできない。

だが、商品の使用価値は、それが消費されるときに現れる。

そのためには場所の変化が必要だから、「運送」という追加の生産過程が必要になる。

従って運送業で投下された生産資本は、生産物に価値を加える。

その価値の一部は、運送手段からの価値の転移によることで、残りの一部は運送労働による付加価値によることだ。運送労働が付け加えた価値は、すべての資本主義的生産と同じく、賃金に対する部分と剰余価値の部分に分けることができる。

これもすべての資本主義的生産と同じく、賃金と剰余価値に分けることができる。

運送費の増減にも「労働生産性と、労働が生み出す価値は反比例する」という、商品生産の一般的な法則が適用される。

前章の「流通は価値を生まない」には、**流通は商品に価値を付与しない**、とあったが、それは流通に費用がかからない場合の話である。現実の商品の価値には、運送の費用も含まれている。

いくら美味しそうなワインであっても、それがフランスにあれば、日本のあなたには意味がない。商品になるためには日本に運送されなければならない。この場合、運送もワインという商品を作るプロセスの一部として作用している。

すなわち、今まで調べてきた資本主義的生産の原理が、運送にもそのまま適用できる。運送にはそれに必要な生産手段（車や船やガソリンなど）と労働力（運転手や荷物を運ぶ労働者）が必要だ。そして運送の過程で投下した価値より多い価値を生み出す要素は、労働力の部分である。

車やガソリンは自分の価値以上の価値は生み出さず、ただ消耗した減価償却分を商品に移すだけだ。この場合は目的地まで運ばれたワインという商品に反映される。

しかし、「輸入品はガソリンがたくさんかかるから、値段が高いね」という感想は間違っている。運送の過程で付与される価値を左右するのは、あくまで労働力だ。**「労働力だけが剰余価値を生み出す」**という原理は、すべての分野で適用できるのだ。

【豆知識】資本主義システム下の労働

マルクス経済学の核心を要約すると、労働価値論という基盤の上に、剰余価値論を乗せた考え方、と表現できる。剰余価値論は、「労働が社会の価値を生み出す唯一のもので、資本は今まで労働者が生み出した剰余価値によってできている」という理論だ。

前章の「豆知識」では、主流の経済学では労働価値論を認めていない、と言った。新古典学派の核心理論である限界効用理論によると、効用を最大にする均衡点、あるいは需要と供給の均衡点で商品の価値が決まる。需要が多ければ価格が上がる。供給が多ければ価格は下がる。両方のバランスが合うどこかで、その商品の価格が決まる。新古典学派によると、商品に含まれる労働の量は商品の価格を決める要素ではない。

だが、それに対する反論もある。例えば、自動車業界においては、生産性の改善のおかげで車の価格がどんどん下落してきた。だが、いくら自動車の生産が需要より多くなっても、その価格が100円になることはあり得ない。それは、自動車がいくら過剰に生産されようと、その生産に必要である、基本的な労働量が一定以上だからだ。

これは価格がただ需要と供給のみで決まるのではなく、ひとつの商品を作るために必要な労働の量も価格を決める、ということを示している。ある程度は需要と供給が価格に影響を与えるもののの、やはり商品に含まれる人の努力が、商品の基本的な価値を決めるのだ。労働価値論はその命題について賛否が分かれるものの、こうした結論には納得できる。

剰余価値論は、労働が生み出す価値と、労働力の差によって発生する剰余価値が資本を増大させる、という理論だ。労働価値論によれば労働こそ富を生み出す唯一の源だから、資本の増大は、労働者に支払う給料より、彼らが生み出す労働の価値が大きい時に発生すると考えられる。労働価値論さえ成立すれば剰余価値論は自然に導き出せる。

それが意味するのは、「従業員に優しい会社」と謳っている会社も、従業員から剰余価値を奪わなければ生き残れない、ということだ。例えば世界一の検索エンジン企業グーグルのモットーは、「悪いことはするな」。社内食堂や自由な勤務時間などの従業員への福祉も世界一のレベルだ。

そして従業員のほとんどがトップレベルのプログラマーであることを尊重し、業務時間の20％を会社の仕事でなく、自分がしたい研究に割くことが許されている。まさにエンジニアの天国だが、よく考えてみると、すべては会社の利益のためである。

20％の自由研究を許容する理由は、グーグルが優しいからではなく、自由時間に研究したことも会社のサービスにするためだ。どうせプログラマーたちは業務時間以外にも、自分なりにいろいろな研究をする傾向があることを知っているグーグルは、それをも企業の剰余価値として吸収しただけのことである。

「Gmail」「Chrome」「Maps」「Android」「AdWords」などの、今のグーグルの核心となるサービスや資産の多くが、20%ルールの結果だ。これは従業員の全てを資本家の物にする、利口なポリシーだったのだ。資本主義システム下で働くのは、自分の労働の結果が、他人の物となることを意味しているのだ。

Ultra Translated Das Kapital

6章

人はどうして資本の奴隷になるのか

子供の頃からサッカーが大好きだった少年が、大人になってプロになったところを想像してみよう。

彼はプロサッカー選手だから、膝がちょっと痛くても、やる気が出ない日も、試合に出なければならない。チームとの契約もあるし、お客はお金を払って試合を観に来ている。果たして彼は昔のようにサッカーを愛することができるだろうか？

お金が絡むと、人はまるでお金に操られているように行動する。幼い頃に憧れた職業が、大人になると苦痛になるのは、すべてが資本の掟によって動くからだ。

本章では人を縛る資本の仕組みについて調べてみよう。

超訳

不変資本と可変資本

生産のプロセスに使われる原材料と道具は、生産過程で価値が変わることはない。
資本の中で、価値が不変な要素。私はこれを「不変資本」と呼ぶ。
反面、資本の他の要素、労働力は、生産プロセスの過程で価値が変わる。
労働力は、自分の価値を生み出した後、剰余価値を生み出す。
そして剰余価値は状況によって可変的だ。私はそれを「可変資本」と呼ぶ。

【第1巻8章】

可変資本は、文字通りその価値が可変的な資本である。生産のプロセスの中では、労働力がそれにあたる。例えるなら、氷が溶けて水になり、水が凍って氷になるのは、その過程で量が変化しないから、不変的だ。だが米は、土に蒔くと稲が成長し、ずっと多い数の米になる。だから米の性質は可変的だ。

農家が種を買って、それよりずっと多い数の穀物を作り出すように、資本家は労働の種、すなわち労働力を買って、それからずっと高い価値の商品を作る。

農家が穀物を増やせたのは、買ったのが種だったからだ。資本家が剰余価値で資本を増大させることができたのは、買ったのが労働の「種」だったからだ。繰り返しになるが、労働の種とは、労働自体ではなく、労働することができる潜在能力である。

例えば、製薬会社で原材料としてカプセルや薬品などを買うとき、そこから得られる価値は購入した価格以上を期待することはできない。会社でＡ４用紙やボールペンなどを買うときも、その価値以上を期待することはできない。

だが、その会社が雇った研究員が画期的な新薬を発明したとしたら、それは成果も権利も、すべてが会社の所有物となる。会社はほぼタダで労働の成果を享受することができるのだ。このような劇的な事例ではなくても、**従業員が生み出す労働は、いつも賃金の価値を上回るようになっている。**

超訳

剰余価値率

【第1巻9章1節】

資本は、生産手段に投資された不変資本と、労働力に投資された可変資本、2つの要素で構成されている。500万円の資本があり、400万円を不変資本に、100万円を可変資本に投資したとしよう。そしてその結果、200万円の剰余価値が増えたとする。

すると、元の資産は500万円から700万円に増加したことになる。この場合、100万円の労働力は、200万円の剰余価値を生み出した。剰余価値で可変資本を割った数値を、私は「剰余価値率」と呼ぶ。

剰余価値／可変資本＝剰余価値率

剰余価値率は、資本が労働力を搾取する割合を正確に示す。この場合、100万円の労働力（可変資本）が200万円の剰余価値を生み出したから、剰余価値率は200％となる。

「芸は熊がするが、お金は人が稼ぐ」というアジアのことわざがある。サーカスで芸を見せるのは熊などの動物だが、お金を稼ぐのは人間である。

資本主義のシステムはこれと似ている。仕事は労働者がするが、彼よりずっと多く稼ぐのは、まったく働かない資本家だったりする。これは「搾取」と表現しても良いだろう。私たちがそれを意識していないだけだ。その搾取の程度は、これまで繰り返してきた通り、賃金に比べて、どれだけ多い剰余価値を生み出したかによって判断される。

可変資本で剰余価値を割った数値、「剰余価値率」がその搾取の程度を示す数値である。例えば50万円の月給を得るサラリーマンのおかげで、資本家が1ヶ月に25万円の剰余価値を得ていれば、剰余価値率は50％になる。月給を25万円にするとか、もっと働かせて50万円の剰余価値を生み出すようにすれば剰余価値率は１００％に増大するだろう。

「従業員は家族です」と言い切る経営者は世に多いが、資本家としては給与を減らしたり、労働時間を長くしたり、負担を増やすことによって剰余価値率を高めなければならない。資本家の仕事はひたすら、剰余価値率を高めることだからである。

超訳

【第1巻9章1節】

剰余労働と必要労働と資本蓄積

1日の賃金が3000円で、労働者が6時間に生み出す価値が3000円だとしよう。

労働者が12時間働くと、前半の6時間の労働は、資本家が投資した賃金である3000円を埋め合わせるために使われる。私はこれを「必要労働」と呼ぶ。

そして、その後の労働で生み出す価値が剰余労働になる。

後半の6時間の労働は、完全に資本家のための労働である。

私はこれを「剰余労働」と呼ぶ。

剰余価値は、この剰余労働が実体化した結果である。

あるサラリーマンが1日12時間働くとして、そのなかの5時間は自分のために働く時間で、残りの7時間は会社のために働く時間だとしよう。前半の5時間は「必要労働」で、後半の7時間は「剰余労働」である。資本家にとっては、サラリーマンが出勤してから5時間は彼の1日分の賃金に使われた資産を回収する時間であり、その後は**ひたすら資本を増大させるための時間**である。

だから1日の勤務時間が重要になる。夜勤や残業で長期間労働を強いる会社は、社員からできるだけ多くの剰余価値を生み出そうとしているのだ。それは資本家が悪いからではなく、剰余価値を生み出さなければ会社が生き残れないからである。

福利厚生が手厚く、休憩時間を長くとってくれる経営者は、人が良いのではなく、他の方法で剰余価値を高めようとしているに過ぎない。社員のコンディションが良ければ、剰余労働の効率を高めることができるからだ。読者の中にも、学生時代に徹夜で勉強したところで、それほど効果がなかった記憶があるはずだ。

童話『北風と太陽』の如く、強風を使うのか、暖かい光を使うのか、それは経営者のポリシーの問題である。どちらにせよ、目的はただひとつ、**外套を脱がすこと**だ。

資本家の目的は、ひたすら剰余価値にある。こうして剰余労働の結果である剰余価値は、資本に再転化し、資本を増大させていく。これを**「資本蓄積」**と呼ぶ。

超訳

協業の仕組み

【第1巻13章】

協業が発生するのは、大勢の労働者が計画に基づいて、一緒に働くときである。同じプロセスで働く協業もあれば、違うプロセス間での協力も協業にあたる。協業は、労働プロセスの進行を早めることができる。

例えば、多くの石をはしごの上に運ぶ作業は、ひとりひとりが各々石を持って運ぶよりも、大勢が列を作って前の人から後ろの人へ、石を渡す流れ作業で早く済ませられる。

麦を収穫する作業のように、決まった時間に仕事を終えなければならない作業もそうだ。

その作業がひとりで行った場合、1200時間かかる労働だとすれば、1日に12時間労働したとしても100日かかってしまう。それを100人がいれば12時間で終えることができる。

本文では、石の運搬や麦の収穫といった例が出てきたが、現代のオフィスにおいても協業は大きな意味を持つ。読者も経験したことがあるかもしれないが、チームで仕事を分担することの利点は、**問題解決にかかる時間が短縮される点**だ。自分の知識では解決できない問題が発生したときも、同じオフィスの同僚の中に、その解決方法を持った人がいるのだ。

このように協業は労働者にとっても便利な方法だが、あまりにこれに慣れてくると、ひとりで働けない体になってしまう危険がある。例えば、人形の工場でぬいぐるみに目をつける作業を、一生かけてしてきた人がいるとすると、彼は工場を辞めてしまうとひとりでぬいぐるみを作ることができない。協業のシステムの下では全体の作業が、小さな、そして単純な労働に分割され、ひとつひとつが個々の労働者に割り当てられる。

そしていったん特定の作業を担当すると、なかなか別の作業が担当できない。その道のベテランを、あえて他の担当者に変える理由がないからだ。これはシステムとしては効率的だが、**一個人の労働者をゆっくりと組織の歯車に変える仕組み**である。

超訳

部分労働

【第1巻14章】

一生をかけて、ひとつの作業だけをする労働者は、速い速度と生産性を持つ。こうしてひとつの特殊な作業だけに特化した「部分労働者」は、他の仕事がまったくできない欠陥だらけの人だが、協業システムの一部としては完璧なパーツになる。

そこで資本は、ひとつの作業に特化した労働者を、普通の労働者より好む。こうして作業はたくさんの専門分野に分化し、分業は深化していく。

分業は、資本主義以前から存在した。にもかかわらず資本主義で分業が特別なのは、その目的が剰余価値と剰余価値率を増やすためだという点にあるからである。

分業の歴史は、資本主義の歴史よりずっと長い。

例えば、古代文明が残したイースター島のモアイ像を見ると、これは大勢での分業がなければできない仕事だということが分かる。当時は権力者、おそらく皇帝が自分の力を誇るために労働力を動員したのだろう。人々は、自分の生活を維持する時間以外の人生を、皇帝のために使ったと思われる。

皇帝は、国民の剰余労働が生産した産物を享受したはずだ。つまり国民が生み出した剰余価値は、皇帝の所有になったはずだが、それはあくまで使用価値である。国民が捧げた珍しい果物や、動員されて建築した建物や石像などは、それ自体の**使用価値のために生産されたもの**である。

現代の資本主義のシステムでは、人々が生み出した剰余価値は、その使用価値ではなく交換価値が意味を持つ。資本家は自分が雇ったサラリーマンたちが生み出した剰余価値を、交換価値として享受する。

だから「何が生産されたのか」は関係なく、「どれだけ多い剰余価値が生産されたか」が、資本家の関心の対象である。

資本主義システムの分業の目的は、古代とは違い剰余価値の量を増大させることなのである。

超訳

分業と隷属

【第1巻14章】


分業システムにおいては、個々の仕事は単純になり、労働力の価値も安くなる。複雑な技術を学ぶ必要もないし、労働力を維持するために必要な費用も安くなるからだ。

こうして労働力の価値が安くなると、剰余価値が増大し、資本の利益になる。資本家は、できるだけ多い剰余価値を生み出し、労働力を最大限まで利用したいから、大量生産を志向する。

資本主義システムの分業は、労働者の能力を分割するので、個人の精神的・肉体的能力は制限されていく。こうして彼は、自分の〝専門技術〟を使うために、資本家に依存していくのである。

面白いことに、完全な分業システムのもとでは、部分労働者は、自分たちが何を作っているのか知らないし、資本家も何が作られるのかに関心がない。自動車工場で働く労働者は、自分が担当する工程のスペシャリストにはなれても、仕事の過程で自動車全体の情報を得ることはない。

「あの会社に勤めてるなら、この製品について詳しいんだよね？」

と友人に尋ねて「部署が違うからさ」と返された経験はないだろうか？

分業のシステムは昔からあったが、それが剰余価値を最大限に生み出すように利用されたのは資本主義システムが最初である。このシステムのもとでは、皆が違う階層に籠り、全体を見ることができない。

自動車会社の資本家も自動車について詳しい人は稀だし、自動車を造る労働者も自動車について知らない。エンジンについてよく知る技術者は、デザインについて知らない。全体を理解しない者たちが集まって、ひたすら剰余価値の創出のために協力しているのだ。

世界的なデータベース企業、オラクルの会長ラリー・エリソンは、584億ドルという天文学的な資産を持つ、世界で5番目の富豪（2018年『フォーブス』調べ）だ。

だが、彼をよく知る人はこう証言する。


「彼はデータベースのように退屈なことには関心がないのです」

データベース企業の設立者が、データベースには関心がないというのは、一見、問題があるように思える。だが、労働と所有の分離や、分業システムなど、これまで述べてきたことと考え合わせれば、特におかしいことではないと分かるはずだ。

超訳

労働者の役割は剰余価値の生産

【第1巻16章】


人は自分自身のために働くとき、すべてのことを自分でコントロールする必要がある。

だが、分業システム下では、他人にコントロールされるようになる。

あなたはただ、組織の歯車としての機能を果たせば良いのだ。

資本主義的生産は、ただ商品を作り出すために行われるのではない。

それは剰余価値を作り出すためである。労働者は、自分のために使用価値を生産するのではなく、資本家のために剰余価値を生産する。

労働者は資本の自己増殖のために働いているのである。

人形が大好きな女性が、ぬいぐるみ工場に就職したとしよう。

彼女は趣味で自作のぬいぐるみを作るほどだったが、工場ではその個性は発揮できない。そこではぬいぐるみを作るプロセス全体についてよく知る人が必要だったわけではなく、**ただ単純な労働をさせるために人を雇った**だけだ。

彼女が工場に入って始めたのは、熊のぬいぐるみに目と鼻を付ける作業だ。彼女は、目と鼻を正確な位置に付けてなるべく可愛く作ろうとするが、工場の目的は完璧なぬいぐるみを作ることではなく、**できるだけ早くぬいぐるみを生産**し、剰余価値を最大にすることだった。

やがて、彼女は剰余価値を生み出そうとする、工場のシステムにコントロールされ始める。目と鼻のバランスがちょっと悪くても構わない。消費者に文句を言われない範囲であれば、ささいなミスがあってもできるだけ早く生産した方が、利潤のために良いからだ。

これが何年も続いた。

彼女はもう、以前のぬいぐるみを愛した彼女ではない。工場の一部として、できるだけ早く目と鼻を付けて最低限の品質の製品を作るだけだ。彼女にとってのぬいぐるみの使用価値はなくなってしまった。

工場で働く彼女は、資本家の資本の自己増殖のために剰余価値を作り出す機械の一部にすぎない。

超訳

社会の剰余価値

【第1巻16章】

社会発展の程度は別にして、労働の生産性は物理的な条件に左右される。すなわち、労働の主体である人間の気質と、自然環境である。豊かな自然環境があれば、人間が自身のために働かなければならない時間が少なくなる。

すると自分以外のために剰余価値を生み出す時間を確保できるから、文明が発達する。

文明の胎動期にはそれが重要だ。

古代エジプトで巨大な建築物を建てることができたのは、人口が多かったからだと考えがちだが、実は違う。エジプトは豊かな自然環境を持っていたから、自分の生活を維持し、子どもを育てるのに、多くのコストを必要としなかった。そこで残った時間を使って、あれほどまでに巨大な建築物を建てることができたのだ。

「世界四大文明」といえばエジプト文明、メソポタミア文明、インダス文明、黄河文明を指す。

これら偉大な古代文明は、すべて**暖かい川辺で誕生**した。そういったところに住む人々が特別優秀だったからではなく、本文にあるように、個人が自分の生活を維持するために必要な努力が少なく、社会のために働く余裕があったのだ。

腹が減れば近所の木から果物をとって食べれば良い風土では、自分の生活を維持するためにしゃかりきになって働く必要がない。毎日吹雪が吹きまくるシベリアなどでは、1日のすべてを自分の命を保つために使わなければならない。その寒い国の皇帝が巨大な建築物を建てようと人々を徴用しても、気が遠くなるような時間がかかるか、その前に国民がみんな飢えて死んでしまうだろう。

要は、古代の暖かい国と寒い国の差は、**生産性の差**である。手を伸ばせば果物がある南国の方が、食料を得るために吹雪の中で野獣と格闘しなければならない北国より、食料が簡単に生産されるのである。

つまり、南国の方が生産性が高いのだ。

現代社会では、その生産性が自然環境ではなく、テクノロジーのレベルなどで決まる。現代はテクノロジーで、食料の生産はもちろんのこと、生活費用、養育費用も低く抑えられる。当然、現代人は比較的安い費用で生活を維持することができる。そして、豊かな南国の古代人たちが残りの時間で皇帝のために働いたように、現代人たちは剰余労働で資本家の富を増やすのである。

超訳

可変資本の循環を社会的に考察する

資本の循環周期が短くなればなるほど、貨幣で投下した可変資本は、より素早く貨幣に再転化する。だから、資本の循環周期が短くなると、投下した資本の規模に比べて資本家が得る剰余価値の量が相対的に大きくなる。

資本の循環時期が短ければ、このように剰余価値が増大するから、同じ資本を投下しても生産の規模がどんどん拡大する。

生産の規模を維持したまま資本の循環周期が短くなると、より少ない労働で同じ量を生産することができるから、可変資本への投資額は減る。

【第2巻16章3節】

ファストフードチェーン、マクドナルドの椅子が座りにくい理由は、**客に早く席を立ってもらうため**、というのは有名な話だ。客は椅子が不便なことを最初は意識しない。だが注文したハンバーガーを食べ終わった頃に、何となく座り心地の悪さを感じ始める。やがて「そろそろ出るか……」と思い立ち、席を立つのだ。そしてその席には、新しい客が座る。

こうして循環が早くなると、店の売り上げはその分上がるのだ。

「この椅子はとても柔らかくて気持ちいい。ああ、ここでこのまま死んでしまっても良い……」という椅子なら困ってしまう。循環は鈍くなり、マクドナルドの売上は低下するだろう。

本文で言う「資本の循環周期」も、このように生産した商品が、早く貨幣に転換することが資本に有利だと言っているが、次のようなメリットもある。

もし生産して1年かけて売れる物であれば、雇っている労働者に支払う賃金の回収は1年後になる。

だが生産したとたんに売れる物があれば、**さっき労働者に支払った賃金を、即座に回収することができる。**「貨幣で投下した可変資本はより素早く貨幣に再転化する」というのは、そういう意味である。

そこで資本は自分の循環周期を短くするため、いろいろ努力する。

それは同じ労働力と生産手段でより多い剰余価値を生み出し、生産性を高める方法になる。

【豆知識】個人の隷属は社会の利益

我々の人生には、数多くの選択肢がある。どこで何の仕事をしようが、人の勝手である。これは、本人にとっては良いことだが、実は社会全体、特に資本家の立場からすれば面白くない。高度な分業社会では、それぞれの分野に特化した人材がいた方が社会全体の利益になり、個人が思い思いに行動すれば、そのシステムを維持することは難しいからだ。

こうした社会的背景は、人々の道徳感にも影響を及ぼしている。私たちは、個人としては損をするが社会全体のためには利益になる行為を、手放しで褒める傾向がある。自分の利益に反して社会のために献身することが美徳だと、幼い頃から教育されてきた。

2002年、島津製作所に勤める田中耕一が「生体高分子の同定および構造解析のための手法の開発」などの業績によって、ノーベル化学賞を受賞した。平凡なサラリーマンがノーベル賞を受賞したということで、日本中が歓喜に沸いた。彼は、ノーベル賞受賞が決定した当日も上司に叱られていた、と冗談交じりに語った。科学者気質の彼は、自分の研究以外にはまったく関心がないようにみえた。社内の昇進、もっと良い職場、高額の年俸などには目もくれず、ひたすら自分の専攻分野の研究に没頭した。ノーベル賞を受賞した後も彼は現場に残り、研究を続ける道を選択した。

この田中の態度は、「青色発光ダイオード（ＬＥＤ）」の発明者・中村修二の行動と、よく比較される。

中村は１９９３年、日亜化学工業で働いていたときに、青色発光ダイオード（ＬＥＤ）を発明し２０１４年、ノーベル物理学賞を受賞した。今ではディスプレイやレーザー機器、携帯電話に必要不可欠なＬＥＤだが、光の三原色である赤、緑、青の中で、青がもっとも作成が困難だった。「20世紀以内には開発することができない」というのが科学者間の定説であった。

しかし中村はやってのけ、たちまちノーベル賞級の発明として話題となった。彼の発明によってＬＥＤですべての色を表現することができるようになると、世界中がＬＥＤの時代に突入した。会社はその特許で莫大な利益を得て、蛍光灯などを作る中小企業から、１年の売り上げが１０００億円を超える大企業に急成長した。

問題は、中村がその貢献から得た報酬が2万円だけだったことだ。アメリカの科学者たちは彼を「スレイブ（奴隷）中村」とあだ名した。結局は中村は会社を訴えて、８億４０００万円を得た。これは日本の平等主義の弊害と、理工系の危機を象徴する事件として有名になったが、それとは別に、彼の行動はなんとなく日本人的な美徳にそぐわないものだ。

筆者も正直、田中の方が中村より〝良い人〟に見える。この考え方はすべての個人を、ひとつの専門分野に没頭させて成果を吸い上げ、社会をコントロールしやすくしようとする、支配階級の利害関係と一致してしまう。昔の武士や騎士が、主君のために死ぬことが当然だと思ったのは、こう考えるように絶えず教育されたからだ。

もしかすると、現代の私たちの価値観や考え方は、未来人の目には奇異に映るのかもしれない。未来人は「君たちはなぜ、資本家に支配されることが美徳だと思うの？」と尋ねることだろう。

Ultra Translated Das Kapital

７章
人はなぜ金持ちになれないのか？

筆者は、疲れきったサラリーマンだけを撮影した写真作品を見たことがある。見る人が心の底から深く共感できるという点で、良い素材を選んだと思う。

惨めとまでは言わないが、苦労に比べるとあまりに少ない見返りで生きなければならない人の姿だ。

幼い頃には「真面目に努力すればきっと成功できる」と教育されたが、大人になるとそれが間違っていたことを悟る。実は資本主義システム下では、幼い頃に教育された方法だけではお金持ちになることができない。

本書では、その構造的な理由について解き明かしていこう。

超訳

労働の結果は資本家のもの

【第1巻7章1節】

労働の結果は、それを生産した労働者ではなく、資本家の所有になる。労働者が職場に入ってから、彼の労働力の使用価値は資本家の所有になる。従って、彼の労働力の使用、つまり労働は資本家の所有になる。資本家の観点からは、労働のプロセスはただ、彼が買った商品、つまり労働力と原材料の相互作用に過ぎない。まるで酵母がブドウを発酵させてワインを作るように、資本家が買った物同士の相互作用で商品は作られる。そして、それは資本家の所有物になる。

ゲームに関心がない人でも「パックマン」という作品は知っているだろう。ゲーム史上**「もっとも成功したアーケードゲーム」**としてギネスブックにも認定されている。

このことから「パックマンを開発した人は、さぞかし金持ちになったのだろう」と推測する人もいる。が、実は開発者の岩谷徹は、ゲームの売り上げに対する報酬を何ももらっていないと発言したことがある。

もちろん彼はその功績を認められ、発売元のナムコで昇進して幹部となったが、そんな大ヒットゲームを作った人が、それに当たる金銭的な報酬を得られなかったことは不合理な話に思える。

こんなことが可能なのは、彼があくまで被雇用者だったからである。会社は雇用契約を結ぶとき、彼に決まった額のサラリーを支払う代わりに、労働力を買ったのである。彼が入社した後、どんな凄いゲームを作るか、それを予想して結んだ契約ではない。もちろん会社はヒットゲームを作った人に多額のボーナスを出しても良かっただろうが、別途の契約がなかった以上、それはあくまで道義の問題で、義務ではない。

労働と所有の分離――これは矛盾に見えるかもしれないが、同時に**資本主義の本質**を表している。

超訳

賃金① 労働力に対する報酬

【第1巻19章】

市場で労働者が資本家に売るのは、労働力である。労働とは、仕事を始めてから労働力によって生み出されるものだから、労働者が労働を直接売るわけではない。

労働は実在し、商品に内在する価値の尺度になるが、それ自体は価値を持たない。多くの経済学者が「労働の価値」と呼ぶものは、実は「労働力の価値」である。「労働の価値」という呼称は不合理なのである。

そして、資本家たちはそこから剰余価値を創出しなければならないから、労働力の価値は、いつも労働の価値より少なければならない。

どうしようもなく貧乏な人が、お金持ちにこう懇願したとしよう。

「10万円頂ければ、なんでもします！」

「そうか。では私と契約を結ぼう」

貧乏人はお金持ちと、「10万円を支払う代わりに、1週間はなんでも言うことを聞く」という契約を交わした。契約締結後、お金持ちは貧乏人に、命を失う危険すらある、新薬の生体実験の被験者になることを命令した。

「そこまでするとは言っていない！」とゴネても後の祭り。実はその実験、とても危険だから1週間で1000万円の補償金が支払われることになっていた。こうしてお金持ちは10万円を投資して、100倍のお金を回収した。これは極端な事例だが、お金持ちが買ったのは「1週間は命令の通りになんでもする」という約束だ。貧乏人はまだ何もしていなかったが、なんでもする予定だ。お金持ちが買ったのは、実際の労働ではなく、**「なんでもすることができる労働力」**だったのだ。

雇用契約が結ばれてから1週間、貧乏な人がする仕事は、彼自身のものではない。彼が何をしても、それはお金持ちの所有である。そこで貧乏な人が貰ったのは実際の仕事に対する報酬ではない。労働力の価値と実際の労働の結果の価値の差は、まるごと資本家の所有になる。

サラリーマンが搾取される構図は、この事例ほどではないが、仕組み自体は同じだ。表面的には、賃金が労働の価値に見えるが、実は実際の労働の価値より低い報酬を受け取っている。そしてその事実は巧みに隠蔽されているのだ。

超訳

賃金② 有給労働と無給労働

【第1巻19章】


労働者が1日12時間働き、1万円を受け取ったとしよう。

そして、その労働力を回復するためには5時間がかかるとしよう。

すると賃金は5時間分の価値を持つ労働力に対して支払われるが、労働は12時間だ。

だから5時間は自分の賃金に対する必要労働であり、残りの7時間は資本家の剰余価値のために働く時間だ。

だが、賃金の形で支払われると、まるで12時間の労働の価値が1万円のように見える。

奴隷の労働は、明白にすべてが領主のための労働だと分かるが、賃金労働では、その労働が剰余価値を作り出す労働でも、それがまるで自分のための労働のように見える。

こうして無給労働が労働者自身のためかのように隠蔽されるのだ。

繰り返してきた通り、12時間働くサラリーマンが、6時間の労働で自分の1日分のサラリーを生み出すとすれば、出勤してから6時間は自分のサラリーに対する労働だが、その後の仕事はまるごと資本家のための労働になる。

マルクスは前者を**「有給労働」**、後者を**「無給労働」**と呼んだ。

だが、サラリーマンの仕事は「午後2時までは有給労働をして、その後は会社のために、タダで無給労働します」と明確に区別されているわけではない。サラリーマンはまるで自分が捕った魚の一部を、鵜飼いに献上しなければならない鵜のように、資本の増大のために無料で労働しているが、その搾取の仕組みは自分でも自覚できないほど巧みに隠されているのだ。

奴隷から搾取する行為は、とても露骨だ。そのような野蛮な搾取は、現代社会では存続させられない。

だが、その仕組みが隠蔽されている資本主義の搾取システムは誰にも非難されず、ずっと続いている。そこでマルクスが先の章で、抽象労働のような概念で商品の生産や労働を抽象化した理由も、目に見える外見に惑わされず、その深層の仕組みを究明するためだったのだ。

そう考えると、『資本論』の主題は、

「目に見える現象と、その裏に隠蔽された仕組みは違う。それを知らなければならない」

と言い換えることができる。

超訳

時間賃金

【第1巻20章】

時間賃金の単位（勤労時間の価値）は、1日の労働の価値を勤労時間で割った数値だ。

労働力の1日の価値が6000円で、勤務時間が12時間ならば、1時間あたりの労働の価値は500円（6000円／12時間）になる。資本家が日給や週給という形ではなく、自分が雇いたい時間だけ労働者を雇う場合、この単位時間の労働力の価値を支払えばいい。

今までは労働者が酷使される問題を論じてきたが、右のような方式では、今度は不十分な雇用が問題となる。

この場合、資本家は労働者が自分の生活を維持するために必要な時間を雇わなくても、資本家自身の剰余価値を生み出すことができる。

例えば1日12時間働く労働者が、6時間を自分のために働いたとすると、働く時間が減ればその分、自分のための6時間が削られてゆき、生活を維持できなくなる。

　コンビニエンスストアやファストフードチェーンのパートタイマーは、勤労時間を基準として賃金をもらう。一見、それは労働力に対する報酬でなく、労働の量に対する報酬だから、正当な額だと考えがちだ。だが、現実にはパートタイマーの賃金は少ないことが多い。その賃金は**資本家が一定の剰余価値を十分に得るように策定**されるからだ。

　そして時間賃金の方式では、雇用する時間を資本家の意のままに決定することができる。これでは労働者が不安定な雇用環境に置かれたり、完全な失業状態になる危険がある。

　反面、このような不完全な雇用は資本家の立場からは、自由に労働者を利用することができるいい制度になる。そして失業者が多ければ、必要な労働力を安値で雇用することができるから、資本家はそんな状況を望む。

　雇用率１００％の世界はコンビニエンスストアやファストフードチェーン経営者の立場からは悪夢だ。

　被雇用者階級と資本家階級の利害はこのように正反対の関係にある。一方の利益になることが、もう一方にとっては不利益になる。

超訳

出来高賃金

【第1巻21章】

出来高賃金は、「労働者が生産した商品の価値を、そこに含まれる労働時間で測る」のではなく「労働時間を、彼が生産した商品の数で測る」方法である。時間賃金では、労働の量は、働いた時間で測定されるが、出来高賃金では生産した商品の量で測定する。

労働者が1日12時間労働するとき、そのうち6時間は自分の賃金に対する労働で、3時間は不変資本（原材料と機械の費用）に対する労働ならば、残りの3時間が剰余労働だ。

例えば、労働者が24個の商品を生産するのに一般的に12時間かかるとして、それが出来高賃金で測定されると、12個の生産は自分のために働くことになり、6個は不変資本に対するもので、残りの6個は剰余価値に当たる。

どうせ労働時間の価値は、「1日の労働の価値＝1日の労働力」という等式により決まる。だから、出来高賃金はただ、時間賃金の変化した形態にすぎない。

シンプルに考えれば良い。

資本家の目的は、**被雇用者が働いて作り出した剰余価値を自分のものとして、資本を増大させていくこと**だ。こうするためには、支払いの方法を問わず、実際の労働より少ない価値の賃金を労働者に支払わなければならない。一見、仕事の成果に比例する賃金に思える出来高賃金も、社会的に必要な労働の価値を考慮し、資本家が剰余価値を残すことができるように策定されているから、労働者にはちっとも有利ではない。

これは保険会社のビジネスと似ている。保険商品が保証するような事故が起こる確率は、社会全体の統計によって明らかになっている。この世には数多くの保険があるが、**常に顧客より保険会社が有利に**なっている。だから投資の天才、ウォーレン・バフェットは、保険業界の可能性を早くに悟り、いち早く保険業界に進出した。

宝くじも同じだ。確率的には、利益を得るのは会社側であり、購買者側ではない。宝くじにもたくさんの種類があるが、顧客より宝くじを発行する会社に有利なのは、変わらない。

保険会社も宝くじも、利益を出さなければならないのだから、こうした構造になっているのは、ある意味当たり前だ。しかし、表向きは必ずしもそう見えていない。それは資本主義も同じである。

超訳

無給労働による資本の蓄積

【第1巻24章】

資本家にとって、労働者が過去にした無給の労働は、無給労働をさらに増大させる効果がある。資本家は資本を蓄積すればするほど、さらに大規模な蓄積が可能となる。

資本家と労働者の間に続く交換関係は、等価交換が基本になる流通の過程と表面上は似ているが、本質はまったく違う取引である。

一見、資本家と労働者の間で等価交換が続いているようだが、その実は資本家が過去の労働者の生み出した富を蓄積させ、さらに大きな規模の労働と交換し続けているのだ。

あるサラリーマンは、午後2時までは自分の給料分にあたる仕事をして、その後は会社のために「無給労働」を積み上げているかもしれない。また、あるサラリーマンは、午後11時までは自分の給料のために働き、その後は延々と会社に無料の労働サービスをしているのかもしれない。給料や、労働の強度や残業の時間、業務の効率などの変数が無給労働の時間を決める。

本文が言いたいのは、その**「無料サービス」期間中、社員がただ資本家が利益をあげる助けをしているだけではない**、ということだ。彼は、資本家がまた別の労働者を雇用するお金をも稼ぎだしているのだ。そして資本家は当然、その別の労働者からも無給労働を搾取することになる。こうして無給労働の規模がどんどん増大し、それがさらに資本の規模を増大させることになる。

とにかく、資本は**「過去の労働の結果」**だ。過去の労働が実体化されたものが現在の資本だ。つまり過去の労働は、過去に自分が搾取されただけでは終わらず、将来、もっと多くの人が搾取される手伝いをしていることになる。資本が大きくなればなるほど、搾取の規模は増大するからだ。

自分の努力が自分を搾取する武器になる皮肉は、資本主義システム下の労働が持つ矛盾である。

超訳

所有と労働の分離

【第1巻24章】


財産の所有は、元は自分の労働に基づいていた。

だが今は、資本家が無給労働とその結果を利用する権利を持ったため、労働者は自分の生産の結果を所有することはなくなった。

財産と労働の分離は、両者の本質から由来する不可欠な結果なのだ。

アメリカのベル研究所は、トランジスタ、レーザー、UNIXオペレーティングシステム、無線LAN、電波望遠鏡などの革新的な技術を開発した研究所である。だが、それらを発明した研究員がお金持ちになったという話を聞いたことがない。なぜか？

それは当然、**発明品を開発した科学者は皆、ベル研究所に雇われている労働者に過ぎない**からだ。いくら革新的な技術を開発しても、いくらすごい科学的発見をしても、それは丸ごと研究所の所有になる。一般的な企業でも同様だが、すべての発明に対する特許の権利は企業の所有であり、個々の労働者のものではない。労働と所有は分離されているからだ。資本主義社会でそれを理解していなければ、どんな天才科学者も自分の才能を自分のためではなく、他人の富のために使うことになる。

「会社は私の発明品を奪いました！」

と主張し、会社を訴える科学者もたまにいる。結果は大抵、被雇用者の負けだ。雇用契約上、被雇用者の勤務の結果は会社の所有になるのが当然だからだ。もし自分の労働の結果を自分が所有したければ、会社に入らず、独立して働かなければならない。

所有と労働の分離は、資本主義の掟だ。これは労働者にとって不公平に感じられるかもしれないが、それこそ資本主義を発達させる原動力でもある。なぜなら、多くの資本を活用できる人は多くの人の労働を活用し、偉業を成し遂げることができるからだ。

【豆知識】誰かは必ず失敗する理由

子どもの頃から熱心に勉強し、就職して働いても、誰かしらは失敗し、一生借金に苦労する人さえいる。「努力は必ず報われる」のではないのか？　ここでは、絶対に学校が教えない答えを教えよう。

システムの細部は国によって違うものの、貨幣は中央銀行によって発行された後、市中銀行を通じて市場に流通するという基本的な構造を持つ。中央銀行が発行したお金は市場に直接流通せず、市中銀行に貸し付けられるのだ。

では、市中銀行が持っているお金が市場に移る過程は？　誰かが銀行からお金を借りるしかない。銀行がタダでお金を市場にばらまく道理がないからだ。市場に流通するすべてのお金は、最初は誰かが市中銀行から借りたお金なのである。

だから、今あなたが持っているお金は、あなたが直接借りたものではなくても、他の誰かが銀行から借りたお金なのだ。それは個人が借りたお金かもしれないし、企業が借り入れたお金かも知れない。どちらにせよ、市場のお金すべてが銀行からの借金だということには変わりない。

さて、この世に住んでいる住人が10人だと仮定してみよう。そしてお金を貸し付けてくれる銀行もあるとしよう。市場にお金が流れるためには、銀行からお金を借りなければならない。10人が皆、１００万円ずつ銀行から借りたとしよう。返すときは利子をつけて１１０万円で返済することになった。

10人それぞれに１００万円ずつ貸し付けたわけだから、銀行は全部で１０００万円を発行したことになる。だからこの世界の通貨量は全部で１０００万円だ。その後、10人は熱心に働いてお金に利子をつけて返済するよう、努力した。やがて、ひとり目が銀行に１１０万円を持ってやってきた。続いて２人目が、やがて３人目も。４人目、５人目、６人目……。こうして９人が銀行に１１０万円を返却した。

10人目は、とうとう来なかった。一体彼に何が起こったのだろう？　考えてみよう。

銀行が発行したお金は全部で１０００万円だが、これまでに１１０×９＝９９０万円が回収された。従って、この世に残ったお金は10万円だけだ。これでは10人目がどう頑張っても、１１０万円を返すことができない。

方法はひとつしかない。銀行がさらにお金を発行することだ。もし銀行が１００万円を発行し、この世のお金が全部で１１０万円になれば、そして10人目が頑張ってこの世のお金のすべてを稼ぐことができたら、彼は借金を返済できる。しかし、ここでもうひとつの問題が発生する。前述した通り、銀行から市場にお金が流れるためには、誰かがお金を借りなければならない。ということは、銀行が追加で発行した１００万円も、だれかが借りたお金ということになる。

ところが、この世に流通するお金110万円は、10人目が銀行に返却してしまったから、この世にはもうお金が存在しない。だから銀行が追加発行した100万円を借りた人は破産しなければならない。

解決法は？　存在しない。お金が発行されるメカニズムがこうなっているのだから、誰かしらは負債を被らなければいけないのである。信じられないかもしれないが、これが今、私たちが住んでいる資本主義社会の貨幣のメカニズムである。

Ultra Translated Das Kapital

8章

技術の発達が人を幸せにしない理由

昭和期に刊行された子ども向けの空想科学雑誌には、「21世紀にはテクノロジーがこんなに発達し、みんなが信じられないほど豊かな生活ができるようになります！」といった解説つきのイラストが描かれている。

だが実際に21世紀に突入した現在、テクノロジーは人間全体を幸福にしているだろうか？

飢えて死ぬほど貧乏ではないにしろ、大部分の人は裕福とは言えない。本章では「テクノロジーがなぜ皆を豊かにしないのか」を調べてみよう。

超訳

生産性の向上と価値の下落

【第1巻1章1節】

イギリスで機械が導入されると、工場では布で衣類を作る時間が半分になった。社会的に必要な労働時間が半分になったのは、衣類の価値が半減したことを意味する。

一般的に、生産性が高くなると価値は下がり、生産性が低くなると価値は高くなる。

個人で仕事を請け負う職人が、いくら効率的な方法を編み出したところで、社会全体の生産性に与える影響はない。しかしテクノロジーが進歩して、社会全体の生産性が向上すると価格は下がる。**一般的に必要な労働の量が少なくなる**からだ。

醤油は、大豆を発酵させて作る調味料だ。それをまともに発酵させて作ろうとすれば、とても手間がかかる。だが現代の市場で売られている醤油のほとんどは、化学的なプロセスで豆を分解した液体である。酢にも同じことが言える。元々は長い時間をかけて作る調味料だったが、今では価格を下げるために、化学的な方法で生産するのである。

伝統的な手法で作った酢や醤油が、化学的な方法で作ったそれより高価な理由は、それが健康に良いからではなく、それを作るために多くの努力が必要だからだ。化学的な手法でほぼ同じ味の商品を作れば**ずっと短い時間（＝少ない労働）**で商品を作ることができる。手間が省ければ、価格は下がる。

インスタントラーメンも同様だ。動物の骨で作るスープを化学的な添加物で作り、生産にかかる手間を省く代わりに、価格を下げている。「これは健康に悪いから、その代わりに安くします」というわけではない。生産性が高くなって必要な労働が少なくなり、そのため価値が下がったわけだ。

商品の価値は**「その商品の質がどれくらい良いか」**ではなく、**「それを生産するためにかかった人間の努力」**により決まる。もし革新的な方法が発明され、手間暇かけて作るラーメンを、特に努力せず作ることができるようになれば、それはインスタントラーメンより安くなるだろう。交換価値は、使用価値から独立したところで決まるのだ。

超訳

絶対的剰余価値と相対的剰余価値

【第1巻12章】

剰余価値を増やしたければ、労働時間を延ばして剰余労働を増加させれば良い。必要労働は決まっているから、可変的な剰余労働をどんどん増やすのだ。こうして増やした剰余価値を、私は「絶対的剰余価値」と呼ぶ。

では今度は、1日の労働時間が決まっているとしよう。例えば、労働時間が1日に12時間だとしよう。どうすれば剰余価値を増やせるのか？

この場合、剰余労働を増やすためには、必要労働を減らせば良い。必要労働を減らすことで増加した剰余価値を、私は「相対的剰余価値」と呼ぶ。

テクノロジーが発達しても、なぜ人は豊かにならないか？　それは資本主義の構造と関係がある。資本家は、剰余価値を増大させるために、労働者をできるだけ多く働かせようとする。だが、1日は24時間で、サラリーマンも睡眠をとり、食事をしなければ働くことができない。体力にも限界があるから休息も必要だ。**ただただ働かせて「絶対的剰余価値」を増やすには限界がある。**

「では剰余労働を増やす代わりに、必要労働を減らしてはどうか」と資本家は考える。つまり生産性を高めるのだ。資本家は新しいテクノロジーを導入して、生産性を高める。社会のテクノロジーが発達すれば、生活に必要な商品の価値も下がり、労働者たちの生活を維持するために必要な費用も減少する。

大量生産のおかげで食品や衣類などの価格も下落するから、労働者は安い賃金でも生活できるのだ。労働力の回復のために必要な費用が減れば、労働力の価値も下がってゆく。従って必要労働は減少し、相対的に剰余労働の比率が増大する。これが**「相対的剰余価値」の増加**だ。

意外な結果である。テクノロジーによる生産性の向上は、労働者を豊かにしてくれるどころか、労働力の価値を低下させただけ。テクノロジーが生み出す富は、剰余価値という形で資本家のものになる。

労働者も新しいテクノロジーを享受することはできるが、それができるのはテクノロジーによる大量生産で価格が下がった結果で、彼らの富が増加したからではない。

超訳

資本家と機械

【第1巻15章】


イギリスの哲学者ジョン・スチュアート・ミルは著書『経済学原理』で、こう言った。

「今まで発明された機械が、人間の苦労を少しでも減らしてくれたか？　疑問である」

しかし、それこそ資本が機械を利用する目的である。生産性を高めることで、労働者が自分自身のために働く時間（必要労働）を減らし、剰余労働を増やしてくれるからだ。

道具と機械の違いを区別する意味はない。機械は複雑な道具で、道具は簡単な機械だ。

機械は労働の生産性を非常に高めてくれる。

道具を使って特定の仕事をする部分労働者は、機械に取り替えることができる。

労働者は機械の付属品になり、より賃金の安い未熟な者が雇用されるようになる。

こうして機械は労働の分業を再定義するのだ。

かつての食料は、非常に高い価値を持っていた。冷蔵庫がなかったから長期間保存もできないし、運送手段も流通システムもなかったから、内陸に住んでいる人が新鮮な魚を食べたり、冬に果物を食べることは不可能だった。

テクノロジーの発達は、**すべての商品の価格を下落**させる。携帯電話も、黎明期は煉瓦のように大きく、べらぼうに値が張ったが、今では小学生でも持っている。

かつては貴族だけの楽しみだった演劇も、現代では映像技術の発達で、昔の演劇よりずっと面白く、特殊効果も派手なコンテンツを映画館で楽しむことができる。それも、とても安い値段でだ。オペラを観覧したことがある読者は、いかに映画のチケットが安いものか知っているはずだ。

テクノロジーの発達は、同じ使用価値を安値で供給してくれる。これは、一般的な人が生活を維持するために必要な費用が、低くなることを意味する。衣食住も、文化生活も、昔より安値でその使用価値を享受することができる。賃金が低下しても同じ生活ができるから、実際の賃金が低下する。必要労働の比重は低下し、剰余労働の比重は増加する。

資本家がテクノロジーを愛する理由は、こうして剰余価値を増やすことができるからだ。こうして**我々は、一部の特権階級のものだった文化を手に入れた代わりに、ますますたくさんの労働時間を彼らのためにサービスするようになった**のだ。

超訳

労働力と剰余価値

【第1巻17章1節】

労働力の価値と剰余価値の相対的な量を決める3つの要素は「勤労時間」「労働の強度」「労働の生産性」である。労働の強度は、同じ時間にどれほど多い量の労働がされるのか、労働の生産性は、同じ量の労働がどれほど多い商品を作り出すのかである。

労働力の価値と剰余価値の量は、3つの法則によって決まる。

1、決まった勤労時間では、いつも同じ量の価値が生み出される
2、剰余価値が増加すると労働力の価値は減少し、逆も成立する
3、剰余価値の量は労働力の価値によって決まる

労働の強度が増大すると、同じ時間でより多い商品が生産される。労働の生産性が向上すると、同じ時間により多い商品が生産され、商品の価値は下がる。後者は商品に含まれる労働の量が減るが、前者は商品に含まれる労働の量が以前と同じだからだ。生産性が高くなると、労働力の価値が低くなり、剰余価値も増大する。生産性が低くなると、労働力の価値が高くなり、剰余価値も低下する。

本文は複雑だが、一文で要約すれば**「労働力の価値が低下すると、剰余価値が増える」**ということだ。

前述した通り、テクノロジーが発達することによって労働力の価値が低下し、剰余価値は増大し、資本家の資本は増加する。そして最先端のテクノロジーで生産性が高くなっても、サラリーマンの生活が絶対豊かにならないもうひとつの理由は、「決まった勤労時間ではいつも同じ量の価値が生み出される」からだ。

例えば、現代の銀行では入金や出金、計算などはパソコンで速い速度で処理することができるが、パソコンがなかった時代の銀行では同じ仕事にも長い時間がかかっていた。しかし、現代の銀行員の労働の価値が昔の銀行員の労働の価値より高いわけではない。

銀行において「最新システムの導入で、君たちは算盤の時代より10倍速く業務を処理している。だから、これから君たちの給料を10倍にしてあげよう」なんてことは、絶対に起こらない。つまり本文で紹介された3つの法則は、ひとつも労働者の味方ではない。

3つの法則は、文明が発達すればするほど資本家だけが利益を享受することを示唆しているし、労働者が受け取る賃金が小さくなれば、資本家はより大きな剰余価値を得ることがはっきり分かる。

そして何よりも、**テクノロジーが発達すれば発達するほど搾取が深化する事実**は、衝撃的である。

超訳

相対的過剰人口または産業予備軍

【第1巻25章3節】

蓄積の進行につれて、不変資本に比べて可変資本の比率はどんどん減少する。資本の蓄積による可変資本の比率の減少は加速され、常に労働者の方には雇用されない「相対的剰余人口」が出てくる。それは、資本が自己増殖の過程で需要の変化があるとき、必要に応じて搾取することができる「産業予備軍」になる。労働者階級の中で就職した労働者の過度な労働は、産業予備軍を増加させる。そして彼らは就職した労働者との競争を通じて、過度な労働をするようになり、資本の独裁に屈服するのである。

「予備軍」とは、平時は一般人だが、戦争が起こるや軍人に変身する人々を意味する。例えばスイスの男たちは皆が予備軍で、戦争が起これば全国民が軍人になるシステムを敷いている。同様に「産業予備軍」はいつもは**定職につかずぶらぶらしているが、必要なときに限って雇われる人々**を意味する。

ビジネスは成長する時期もあれば、停滞する時期もある。停滞して剰余価値を得ることができなくなることも問題だが、成長している時期に必要な労働力を素早く雇えないのも問題である。そこで労働市場には、いつも剰余の労働力がある方が良い。労働力が必要なとき、いつでも雇うことができるからだ。ここでいう「剰余の労働力」とは、雇われていない人――つまり**失業者**を意味する。

現代はテクノロジーの発達により生産性が改善され、少人数での生産が可能だから産業予備軍の数はいつも十分である。科学技術がいくら発達してもそれが人類を豊かにしてくれるどころか、失業者の数を増やす結果になったのだ。

こうなると**労働力の供給がその需要をいつも上回る**から少額の賃金でも働きたい人が多くなり、就職している人々も安心することができない。派遣社員制度が登場したのも、こうした背景があったからだし、その労働条件がどんどん過酷になるのも納得である。

超訳

資本の蓄積は悲劇の蓄積

【第1巻25章4節】

資本主義のシステムでは社会的な労働生産性を増やすため、個々の労働者が犠牲になる。

労働生産性を増やすためのすべての方法は、労働者の労働条件を改悪し、労働の過程で資本家の独裁に屈服させ、すべての生活時間を労働時間に転換させ、彼の妻子をも資本の巨大な車輪の下に連れていく。

剰余価値を生産する方法は、すべてが蓄積の方法であり、蓄積の拡大は方法を発展させる手段となる。資本が蓄積されるにつれて労働者の状態はどんどん悪化する一方だ。

さらに相対的過剰人口または産業予備軍を、蓄積の規模や活力に合うように維持する法則により、労働者は資本に縛られる。

こうして、資本の蓄積は、悲劇の蓄積になる。一方の富の蓄積は、同時に向こう側には悲劇の蓄積になり、奴隷の苦痛になり、低い教育と精神的衰退につながっていく。

人をたくさん雇用するために、わざと生産性を低下させる企業など存在しない。コンピュータで計算すれば一瞬でできる計算を、わざわざ大勢を雇用して紙とボールペンで計算させることなどあり得ない。新しいテクノロジーがあれば、それを活用するのが人であり、企業である。

向上した生産性が意味するのは、より少ない労働で、より多い剰余価値が得られるということだ。その「より多い剰余価値」とは労働者のものではなく資本家のものだ。**「より少ない労働」が意味するのは、労働者が楽に、快適に働けるということではなく、職場を失うことだ。**

テクノロジーの発展による生産性の向上が最後にもたらすのは、「機械に人が職場を奪われる悲劇」である。SF小説のテーマとしては見飽きた題材だが、事態は着実に進行している。グーグルが選定した世界最高の未来学者トーマス・フレイは、「技術革新によって、2030年までに職業の50%は消滅する」と予見したことがある。

私たちが知らないうちに、産業全般で絶えず生産性は増加している。そんな変化が蓄積した結果が、フレイが予見する未来なのだ。私たちは現代のテクノロジーのめまぐるしい変化に慣れてしまったがあまり、そんな未来を実感していないだけなのかもしれない。

【豆知識】21世紀を支配するのは技術ではなくお金

良い病院を作り、自分の医療で社会貢献をしようと情熱を燃やす医者が、いよいよ病院を開業したとしよう。

彼は現代の医学テクノロジーをフル活用して患者にサービスするために、最先端の装置を購入する。特に1億円を投資して買った医療ロボットは、医者が直接メスで手術することが難しい部位を、モニターを見ながらロボットアームで手術することができる、最先端の道具だ。

完璧な準備をして病院を開業した医者は、一生懸命に患者を治療した。初期投資には多額の資金がかかったが、初心を忘れず患者と向きあえば、自然に借金も返済できるだろうし、皆に認めてもらえるだろうと考えた。

だが、時間が経つにつれて、お金を稼ぐのは思ったほど簡単ではないことを悟った。借金はもちろんのこと、利子の返済にも苦労するようになった。こうなると病院は破産である。

ある日、彼の病院に盲腸炎に罹った応急患者が運び込まれた。そのとき、医者はこう考える。

「この手術にロボットを使えば、治療費をたくさん請求することができる……」

実は盲腸手術くらいは医者が直接手がけた方が早いし、患者への請求も少額だった。

しかし、ロボットを買うために借りた1億円を弁済しなければ、病院が倒産してしまうかもしれない。正義感の強かった医者も、その誘惑に勝てず、結局、彼はロボットを使って盲腸の手術をした。

「本当はこんな簡単な手術にロボットを使いたくないのだが、これも借金のためだ。それにしても患者さんに申し訳ない……」

マルクスは資本家を、資本が人格化したものだと表現した。それは「どんな聖人君子でも、資本が関わる問題に限っては、自分の価値観や信念よりも資本の増大を優先させる」ことを意味する。

サッカーのワールドカップで、日本代表が奇跡の快進撃で決勝に進出したとしよう。決勝戦の相手はブラジルである。日本人なら誰でも日本代表を応援するだろう。特に愛国心が強くない人も、その日だけはテレビの前にかじりついて試合に熱中するはずだ。

では、その試合に全財産を賭けなければならないとしたら、どうだろう?

おそらく皆大人しくなって、密かにブラジルにベットし、応援するはずだ。1000円程度のお金を賭ける場合なら「そんなことはない！　僅かな可能性でも日本代表に夢を託す」という人もいるだろうが、全財産がかかっていれば感情的に判断する人はいないだろう。「資本」と呼べるほどの大金がかかったことで、自分の信念、人柄、国籍などが排除され、お金に操られるようになるのだ。

20世紀のSF映画や小説では「テクノロジーに支配される21世紀の人間」がたくさん描写されたが、実は「お金に支配される21世紀の人間」の方が現実に近い。「資本家は資本が人格化したもの」とは、資本家が自分の意志ではなく資本の意志で行動する、資本の代理人となったということである。

Das Kapital Ultra Translated

９章

資本が雪だるま式に増える理由

ＳＦ映画には、社会を支配する超巨大企業がたくさん登場する。

映画『ロボコップ』では「ＯＣＰ」という巨大企業が国家の代わりに警察を運営する。

『WALL-E』では「Buy」という企業と「Large」という企業が合併して生まれた超巨大企業「BnL」が登場する。この企業なくしては衣食住にすべての経済活動、文化生活もままならない世界だ。

実際の世界でも企業は拡張や合併を通じてどんどん大きくなろうとする。実質的にすべての業界が独占体系になった今、我々の生活は巨大企業の影響から逃れられない。本章では大規模の資本について話そう。

超訳

現在の資産は過去の労働

【第1巻24章】

過去の労働は、常に資本という形で自分を偽装する。過去の大勢の労働者A、B、C……の労働の産物は、労働しない資本家Xの資産の形をとる。過去の無給労働は労働者から分離され、資本に形を変えて絶えず増大する労働プロセスを助ける。

筆者が本書を執筆する際、パソコンのハードディスクを検索してみると、過去に自分が剰余価値の概念や貨幣の原理について書いたメモがたくさん見つかった。それらは今回の執筆に大いに役立った。

考えてみれば、過去の筆者が残したメモは、**過去の労働の産物**である。そして、それは執筆に活用され資産となった。現在の筆者は、特に努力せず過去の資産を執筆に活かすことができたのだ。

これは、過去の自分の労働が実体化され、現在の自分の資産になった事例だが、資本主義社会では過去の労働が実体化した資産は、他人の資本になる。

資本が自己増殖の性質を持っていることを考慮すれば、過去の労働は未来の労働の増殖に貢献する。過去の労働の結果である資本は、さらに未来の労働を雇い、どんどん自分を大きくしていくからだ。従業員が１００人だった会社が新たに10人雇ったとすると、10人を雇うことができた資産は、従業員たち１００人が稼いで蓄積したお金である。

このような仕組みがあるから、優れたビジネスモデルはこの複利の原理を最大限活かす。まさにウォーレン・バフェットの言った通り、雪だるまのように資産が増加していくことになる。資本家にとって、資本の自己増殖の原理は、**善循環**である。そして労働者の立場からは、過去の自分たちの労働が現在の自分たちを資本につなぎ止めることになる**悪循環**と呼んで良いだろう。

超訳

蓄積による労働生産性の増大

【第1巻25章2節】

資本の蓄積が進行する過程では、社会的労働生産性の増加が蓄積を加速させる。生産手段の大規模な集中も、生産性を高める方法のひとつである。ビルや運送手段や溶鉱炉などを利用して生産手段が集まることで、生産性が増す。

労働生産性が増大することで、生産手段に必要な労働の量が減少する。例えば元は資本の50％は生産手段に、50％は労働力に使われていたとすれば、生産性の発達により80％は生産手段に回し、労働力には20％を使えば事足りるようになるのだ。

大きなコンビニエンスストアチェーンを見ていると、**集中**がいかに効率を高めているかが分かる。もし1000店の店舗がそれぞれの売り上げや在庫を管理すれば、費用は店舗の数に比例してかかる。だが、その1000店の管理を本店のコンピュータで処理すると、売り上げや在庫、売れ筋商品の種類といった情報を簡単に処理することができる。まさに集中の威力である。

本文ではビルや溶鉱炉などが資本の生産性を高める例として挙げられている。なぜビルが？　それは大勢が働くとき、たくさんの建物に分かれてそれぞれで働くよりも、ひとつのビルに集まって一緒に働く方がずっと効率的だからだ。

なぜ溶鉱炉が？　鉄が必要な労働者がそれぞれに自分の持ち場で鉄を溶かして使えば、生産性は当然悪くなる。たくさんの鉄をひとつの溶鉱炉で溶かして、それを共有して使えば、効率がぐっと上がる。これはすべて集中の効果である。

資本家が生産性を高める理由はただひとつである。効率が良くなると、それにかかる労働力が少なくなるからだ。それは生産から得られる剰余価値が増すことを意味する。ヘンリー・フォードの偉人伝には、**「彼は自動車生産の生産性を革新し、人類のために貢献した」**とあるが、これは嘘である。彼が生産性を革新した動機は、ひたすら資本の増殖を促進させるためだったからである。

超訳

資本の大規模の集中

18世紀初めの糸の生産では、不変資本（原材料と機械）と可変資本（労働力）の比率が1：1だったとする。現代では生産性が向上し、不変資本と可変資本の比率が7：1になったとする。こうなると、労働が消費する原材料と道具の量は18世紀の数百倍になる。その理由は、生産性が高くなった労働が処理する原材料の量や機械の使用が増加するだけではなく、原材料と機械の価値も下がるからだ。

巨大な規模で集中された生産手段は、生産性を増大させる。

社会的生産性を増大させる方法は、同時に剰余価値を増大させる方法でもある。

だからそれは資本で資本を生産する方法でもあり、その蓄積を加速化させるのだ。


【第1巻25章2節】

「資本の蓄積」というと、資本家が得た剰余価値を資本に付け加えて、資本を次々に増大させることを意味する。「資本の集中」は、いくつかの資本を合体させて資本の規模を増やすことを意味する。この2つは、資本の規模増大につながる2つの方法だ。

どちらにせよ、目的は同じだ。資本を中央に集中させて生産性を高め、できるだけ多くの剰余価値を得るためだ。

ひとつの巨大な資本は、小規模の資本の集まりではできなかったことができるようになる。例えば、小規模の映画会社が１００万円を投資して10分の短編映画を作ったとする。この場合、同規模の会社が10社あっても短編映画が10本作られるだけだが、10社が合併してひとつの映画会社になれば、**１０００万円を投資して１時間40分**の長編映画を作ることが可能だ。

資本が集中したり、合体したりして大きくなるのは、ただ一箇所に集まる以上の意味を持つのだ。それは、さらに多い剰余価値を生み出し、資本の蓄積の速度を加速させる。

超訳

資本家の競争と資本の集中

【第1巻25章2節】

資本の集積の過程には、資本家間の競争がある。大きな資本は小さな資本に勝つ。競争は常に小さな資本家の没落に終わり、その一部はなくなって、残りは勝者のものになる。大勢の資本家の資本が、ひとりのもとへ集まると、それは強力な資本になる。

この集中は資本家の活動の規模を増大させることで、自分の使命を完了する。

資本が手を尽くして巨大になろうとする理由は、競争力をつけるためである。

例えば、企業がＮＴＴやＫＤＤＩのような電気通信事業者になるためには、自前の通信網を作る必要があるが、自分で作るより**既存の通信網を持っている会社と合併**する方が手っ取り早い。

そこで、アメリカではベライゾンなどの通信会社がＭ＆Ａで他社を合併して、さらに巨大な会社になろうとする。いったん規模が巨大になると、他社との競争を有利に運ぶことができる。これは通信というビジネスの特徴に由来するのではなく、どんな業界においても大きければ有利となる。

「ビジネスの規模は小さく維持しながら、顧客へ最高のサービスを提供する」というポリシーを貫く飲食店経営者は多い。初心を忘れない美しい姿勢に思えるが、ビジネスの観点で見ると、それは資本を小規模に保ちながら、安全な方法で多い剰余価値を得ようとする戦略である。資本の規模を大きくすると、料理の質を維持することができなくなって、投下した不変資本・可変資本に比べて得られる剰余価値がめっきり低下する危険があるからだ。

巨大な資本の戦略と小さな資本の戦略は違うのが当然だ。小さな資本はネズミのように素早く動かなければ、巨大な資本に食われてなくなってしまう。確かに利口なネズミは生き残れるかもしれないが、**ほとんどのネズミは自分より大きな動物のエサになってしまう**のだ。

超訳

最初に蓄積された資本の謎

【第1巻26章】

我々は、お金がどうして資本になるのか調べてみた。それは、剰余価値が作られると、それが資本に加わって資本がどんどん増大する循環だ。

では、その循環の出発点の、最初の蓄積※は一体どうやって作り出されたのだろうか?

神学の「原罪説」は、なぜ人が働かなければならない呪いにかかったのか説明してくれるが、経済の原罪説は、どうして働かなくても良い人が存在するのか、教えてくれる。

資本主義のもとでは、ある人は富を蓄積するが、ある人は自分の体しか売り物がない。

最初の蓄積(本源的蓄積)は、歴史における、生産者と生産手段の分離過程にある。

つまり、農村の生産者(農民)から、資本家が土地を奪ったことがすべての始まりである。奴隷のように働かせる封建時代の搾取から、資本主義的搾取へと移り変わったのだ。

「お父さん、世間の人たちはお金がなくて苦労しているのに、なぜ私たちには10億円も財産があるの？」

こう息子が尋ねると、父は答えた。

「それはね、元は爺さんから50億円を相続したんだけど、投資に失敗して10億円だけ残ったわけさ」

このように、財産があれば、それがどう始まったのか、知りたくなる。そこで『資本論』では「本源的蓄積」と呼ばれる、**「最初の蓄積」**があると紹介している。それは資本の蓄積が、そもそもどこから始まったのか、教えてくれる。

次の項目でも説明するが、マルクスはそれを彼が生きていた当時のイギリスを事例として、説明している。循環の出発点にあった資本は、貴族階級が庶民から乱暴に富を奪ったことから始まった。奪った富が近代の資本の土台となったのだ。

『資本論』は**「憂鬱な学問」**とも呼ばれる。剰余価値論は、資本が大勢の労働者の無給労働を搾取することで、どんどん増大するメカニズムを説明する。

そして、そんな資本の始まりも、元は資本家の先祖が弱者から略奪したものだった、と喝破している。資本が増大するメカニズム、そしてその起源を見ても「資本は不当な搾取と略奪で得たもの」だとマルクスは主張しているのだ。

※アダム・スミスが「国富論」で使った用語では「previous accumulation」で、これは「Primitive Accumulation」や「original accumulation」とも呼ばれる。これは通常「資本の本源的蓄積」と翻訳するが、ここでは「最初の蓄積」とした。

超訳

イギリスの最初の蓄積

【第1巻27章】

イギリスでは、かつては自分の畑を耕作し、ある程度裕福な生活をしていた農民（土地所有者）がたくさんいた。総人口の7分の1にあたる16万人の農民が土地を持っていた。

だが、1470年から1500年代までの数十年間で、強大な領主が武力で農民の土地を奪い、多くのプロレタリア（賃金労働者）を生み出した。

こうなった直接的な原因は、羊毛の工場制手工業の成長と、それによる羊毛の価格値上がりだった。やがて領主たちは奪った耕作地を、牧草地に変えた。

その後、追い出された農民たちは日雇い労働者に転落した。このように暴力による略奪の結果が、現代の私有資産に転化したのが、「最初の蓄積」の方法のひとつだった。

それは資本主義的農業に必要な土地を占領し、土地を資本の一部に合併し、都市の工業に必要なプロレタリアート（賃金労働者階級）を作り出した。

この事例から分かるのは、**お金になるビジネス（羊毛の大量生産）の登場は、お金にならないビジネス（小規模な農業）を追い出す**ということである。その過程はとても暴力的だが、時代の変化による必然的なことだとも考えられる。

現代でも、新しいビジネスの登場で、古いタイプのビジネスが追い出されるということがよくある。

例えば、スマートフォンの普及で、任天堂の携帯ゲーム事業は失速し始めた。優良コンテンツを生み出すことで成長してきた任天堂は、この危機をさらに面白いゲームを作ることで乗り切ろうとしてきた。しかし、時代の変化というものは津波のようなもので、いくら任天堂が巨大だとはいえ、いち企業で抗しきれるものではない。**普通の企業であれば言わずもがなである。**

ＭＰ３がスタンダードになった音楽市場、デジカメの普及で姿を消したフィルムカメラ、スマートフォンの登場で低迷するパソコン市場、インターネットの普及によって沈滞する出版業界、コンビニエンスストアの登場で閉店する小さなスーパーマーケットなど、現代の注目すべきビジネス津波は数知れない。

そしてその津波による変化の被害は、まるごと弱者のものである。しかし、その流れはすべて時代の変化によることで、それが個人の過ちや暴力に依るものではない。本文にある事例も、表面的には農民に対する領主の暴力に見えるが、根本的な原因は羊毛産業の急成長にあった。これも**時代の変化という津波だった**のだ。

超訳

利潤率の低下と大規模資本

資本主義的生産様式が発展するにつれて、労働生産性も発展し、利潤率が絶えず低下する一方、利潤の絶対量自体は増加していく。利潤率が低下すると、資本家が労働を生産に使用するために必要な、最低限の資本の量が増加する。同時に資本の集積も増加する。なぜなら、ある限界を超えると、利潤率の低い大規模の資本が、利潤率の高い小規模の資本より、急速に蓄積されるからだ。

【第1巻15章】

今あなたが使っているパソコンは、**数年前のスーパーコンピュータよりも高性能**かもしれない。なぜなら、その間にテクノロジーの発達で、高度に集積されたチップを大量生産できるようになったからだ。昔よりずっと高性能なのに、値段が安いのは、それが大量生産されるからだ。商品の種類にかかわらず、それが大量生産されると価格は下がり、利潤率も低下する。だから、アメリカ最大のパソコン企業だった「Dell」は、時と共に利潤がどんどん低下する現象に苦労してきた。

どの資本も自分の増大のために努力するが、その努力が逆に障壁として立ちはだかるのだから、皮肉である。にもかかわらず資本が増大しなければならない理由は、その規模が一定以上になると、小規模の資本より蓄積に有利になるからだ。

例えば、一流の寿司職人が、最高の鮮魚で握る高級寿司は、確かに利潤率は高いかもしれないが、それより資本の蓄積に有利なのは、安値の回転寿司チェーンだ。原材料を大量に購入すると値段が下がるから、大手チェーンは寿司の価格を下げながらも利潤を得ることができる。こうして**「規模の経済」**の法則で寿司の価格を下げると、客も多くなって売り上げが増大する。

大規模の資本が蓄積に有利なのは、このような理由である。

【豆知識】企業間の分業と巨大資本の登場

読者はファブレス（fabless）という単語を聞いたことがあるだろうか？　これは現代の企業の動向をよく表したビジネスモデルなのでぜひ紹介したいが、その前にまず筆者の友人の話をさせてもらおう。

筆者の友人は大学生時代、デザインを専攻しており、「人間工学的デザイン」という科目を受講したことがある。期末テストは「便利なハンドルをデザインして、それを木で作って提出すること」だった。問題は、当時の彼は酷い風邪を引いていた上に、他の科目の殺人的なテストのために連日の徹夜を重ねていた。とても大工仕事のような肉体労働は不可能だった。

「大変だ。私はこのまま死んでしまうかもしれない……」

彼は病院に向かい、その近所に盆石（盆栽のように盆の上に石を置いて楽しむ趣味）の盆を製作している小さな店を発見した。そこは普段から木材を加工して、石に合う盆を作っていたから、木材さえあればどんな形も自由自在に作ることができた。そこで友人は、彼が粘土で作ったハンドルを持ち込み、同じものを木材で作ってもらった。当然、結果は大成功だった。

話が長くなったが、これがずばりファブレス生産だ。クアルコムという世界でも指折りの半導体チップの会社があるが、インテルやサムスンと違って自社工場を持たない。クアルコムは他社の工場に委託して、自分たちがデザインしたチップを生産する。工場がないから施設への投資も必要ないし、在庫の管理も不要だ。このような企業を、「ファブレス企業」、そして、その依頼の通りにチップを生産する企業を「ファウンドリ」と呼ぶ。

筆者がファブレスとファウンドリの話をした理由は、このような企業間の分業と、分野別の資本集中と巨大化が、現代のトレンドだからだ。資本はいろいろな分野に投資するより、自分が確実に支配できるひとつの分野に集中して、残りは外部発注する。自社工場を持たずに商品を生産するビジネスモデルは、このようなトレンドが進んだ結果、現れたものだ。

少数の巨大企業が、分野別の市場を支配する事態は、あらゆる分野で進行している。食品業界はいくつかの巨大食品企業と巨大ファストフードチェーン、巨大マートが支配するようになっている。食品企業は圧倒的な支配力を使って契約した農家に、家畜の成長を促進するいろいろな施設に投資することを、絶えず要求する。農家がそれを断れば、契約打ち切りだ。

設備に投資した農家は、重い借金を背負うことになる。『FOOD,INC』というドキュメンタリー映画によると、2つの鶏小屋を持つ一般的な農家は、平均して5000万円の負債を負うが、収入は1年に180万円だという。農家は巨大資本に完全に隷属しているのだ。農家だけではなく消費者も、剰余価値を最大にするために抗生剤をたっぷり使って生産された肉を食べるしか、選択の余地がない。

命がかかっている医療分野では、問題はより深刻だ。製薬会社も、小さな規模の企業は新薬の開発に不利なので、少数の巨大企業だけが市場を支配している。巨大製薬会社は自身の利潤につながらない薬の供給を中断しようとしたり、薬の価格を、とんでもなく高く策定することもある。資本の蓄積と集中による巨大化はこうして強い権力を持ち、少数の資本家以外のすべての人間はその奴隷になる。

Ultra Translated Das Kapital

10章

資本が巨大になるメカニズム

お金がお金を稼ぐメカニズムにより、お金持ちはどんどんお金持ちになり、資本も巨大化していく。

人間社会の富は限られているから、お金持ちがさらにお金持ちになった分、貧乏な人はさらに困窮する。世界の富は資源の採掘などにより増加しているが、問題はお金がお金を稼ぐ速度がそれをしのぐということだ。

だから実体経済の富が増加するにもかかわらず、結果的には経済活動がゼロサムゲームになってしまう。

これは資本主義社会の根源的な問題だ。本章では資本が巨大化する仕組みについて解説しよう。

超訳

単純再生産

【第1巻23章】

社会は消費を中断することはできないし、生産も同様である。従って生産過程の全体を見ると、すべての生産プロセスは再生産のプロセスでもある。

例えば、今年100万円の資本が20万円の剰余価値を生み出したら、その過程は翌年にも繰り返されなければならない。

周期的に作られる剰余価値を、資本家がそれを得るたびに消費してしまえば、それは「単純再生産」である。この再生産はただ、過去の規模を維持しながら生産プロセスを繰り返すだけだが、不連続的なプロセスとは明確に違う。

資本家が資本から剰余価値を得たら、彼は車や別荘を買ったり、彼女にダイヤモンドをプレゼントしたりしてすべて消費してしまうこともできる。こうすると剰余価値は資本に付かず、資本の量は以前と同量で推移する。資本家が贅沢な生活をしなくても、剰余価値が少なくて資本が増加しない場合もある。このように資本が増えず、そのまま維持されながら生産が続くことを**「単純再生産」**と呼ぶ。

これは後に登場する**「拡大再生産」**と比較される。拡大再生産は、剰余価値が資本の規模をどんどん増やす場合の名称だ。当然、単純再生産より望ましいのは拡大再生産だ。拡大再生産を通じて巨大になった会社は、単純再生産を繰り返す小さな企業よりも競争で有利だからだ。

では、資本の規模が縮小していってしまう再生産はないのだろうか？　もちろん現実には剰余価値がマイナスになって、どんどん資本が減ってしまい倒産する場合もある。だが、ここで言っている単純再生産や拡大再生産は、資本が正常に動作する「モデル」である。盲腸を切除する人が多いからといって、学校に置く人体模型の形を変えることはないのと同じだ。

正常な動作を表現するモデルには、イレギュラーな現象を反映する必要はないからだ。

超訳

2つの消費

労働者は、2つの方法で消費する。

第一は「生産的消費」だ。労働者は自分の労働で生産手段を消費し、それを投下された資本より高い価値の商品に作り変える。これは労働者の「生産的消費」である。これは彼の労働力を買った資本家の消費でもある。

第二は「個人的消費」だ。労働者は、自身に支払われたお金を、自分の労働力を維持するために消費する。これは彼の「個人的な消費」である。労働者の生産的消費と個人的消費は、完全に別物である。

前者の場合、労働者は資本家に属するが、後者の場合、労働者は自身に属する。

【第1巻23章】

サラリーマンが会社でＡ４用紙を消費して報告書を作るのは、Ａ４用紙という**生産手段を消費**することだ。そして、彼がランチタイムに牛丼を食べたり、休息時間に缶コーヒーを飲むことは、**個人的な消費**である。

だが、サラリーマンが昼間に会社から出て牛丼を食べて帰ってくるのは、まるで自動車にガソリンを補給しているようだ。彼はこれから恋人とデートするためにランチを食べたわけではない。家で子どもと遊ぶためにランチを食べたわけでもない。彼は会社で午後の労働を続けるために牛丼を食べたに過ぎない。自分のお金を使ってランチを食べたサラリーマンは、**ガソリンの代金を自分で払う車**のようなものだ。午後3時に疲れた頭をスッキリさせるために缶コーヒーを買って飲むのも同様だ。

彼がずっと会社に勤める以上、個人的な消費も、まるごと会社の業務のための消費になってしまう。

そこで福利厚生が行き届いた会社は、食事を提供したり、マイクロソフトに至ってはコーヒーやコーラを無制限に社員に提供している。が、実はそれは給料の一部である。その証拠に、マイクロソフトの賃金は他のＩＴ系の大企業に比べて、少し低くなっている。会社の経費には給料以外にも福利厚生費が含まれているからだ。

とにかく、集中力を高めるためにコーヒーを飲むサラリーマンの行為は、実は会社のための消費だが、自身のための消費のように見える。そこで会社によっては剰余価値に害にならない範囲で社員にそれをタダで提供し、社員たちは感謝する。これこそ**「搾取の隠蔽」**と表現することができる。

超訳

個人的消費

勤務日には、まるでエンジンに燃料を補給するように、労働者は自分の労働力を維持するために個人的な消費をする。これは生産手段に必要な消費でもある。彼の個人的消費は生産的消費になる。だから資本家は一石二鳥の効果を得る。労働力を使った資本が、生産の手段を維持するために使われたからだ。
荷物を運ぶ家畜が草を食べることは、家畜が好きでしていることだが、それは生産に必要なことである。同様に、労働者階級が自分たちの生活を維持したり繁殖したりするのは資本の再生産の必要条件である。だから資本家は皆、それを労働者たちの自己保存の本能に任せる一方、労働者の個人的消費を、必ず必要な限界まで減らすようにする。

【第1巻23章】

筆者が知る、あるゲーム会社の大株主は、開発者の給料が低過ぎることを指摘する幹部の言葉に、こう応じた。

「自分が好きでゲームを作っているのに、どこに高い給料を払う必要がある？」

これは、まだその会社が小さな規模だった頃の話だが、やがて会社は大手となり、今では世界的に有名な企業になった。このようにシビアな考えを持つ大株主がいたから、より多い剰余価値を生み出し、会社の規模を急速に増大させることができたのかもしれない。確かにゲーム会社には、普通の会社よりも大学の**サークルの延長線上**のようなところがあり、サークルの仲間と一緒に働くような雰囲気もあるが、資本家はそれを巧妙に利用し、開発者が作り出した剰余価値を搾取していたわけである。

社員が会社で長い時間生活するようになると、個人的な消費と業務関連の消費の区別は曖昧になってしまう。そうなると、社員が自分のためにしている行為も、まるごと資本家の富を増大させるためのものになってしまう。これは資本家にとって一石二鳥である。そのうえ、資本家は社員が労働力を維持できる限界まで社員の個人的な消費にかかる費用を減らそうとし、それもまた資本家の剰余価値を増やしてくれる。

資本家の立場から重要なことは、社員に**「自分は自分のために働き、休息している」という幻想**を抱かせることだ。巧みに隠蔽すればするほど、生産性は高くなり、社員の個人的な消費も資本家のものにすることができる。

超訳

労働者は自ら資本につながれる

【第1巻23章】

資本主義的生産は労働者を搾取するための条件を存続させようとする。つまり、労働者が生存のために労働力を売って、資本家を豊かにしてくれるよう仕向ける。資本家は労働者が生産した富を利用して、労働者を買う。こうして労働者は市場で労働力の売り手として資本家と出会うが、実は彼は自分を資本に売る前から資本に隷属している。それは労働力の販売の周期的な更新と、雇い主が変わることで隠蔽されている。

映画などで、暴力団が借金を返さなかった人を山に連れて行き、**自分の墓となる穴を掘らせる**場面を観たことがないだろうか？　自分の労働で、自身を資本に隷属させる人の立場も似たようなものである。

ほとんどのサラリーマンは、自分の賃金に不満を感じているはずだ。これはおかしい。日本は世界でも指折りの経済大国、つまりお金持ちのはずだ。お金はどこに行ってしまったのだろうか？

サラリーマンの労働が生み出した富は、その一部は会社が彼自身を雇用するお金になる。これは興味深い事実だ。資本はサラリーマンを雇用するために自分は何もしない。彼がもらう賃金は、結局は彼自身が稼いだお金なのだ。

サラリーマンは間違いなく富を生み出しているが、それは資本家にタダで渡す分と、自分を資本に隷属させる分だ。前者は剰余労働が生み出した富、そして後者は必要労働が生み出した富だ。**生み出した富のすべてが資本への隷属を強化する**という悪循環を起こしているわけだ。

これが、いくら社会が発達し、国家が発展しても、被雇用者階級が裕福になることがない理由だ。

そして、この構造を維持するのは、被雇用者自身の労働なのである。**一生懸命になって自分の足枷を作っている**ようなもので、労働者は努力すればするほど自分を資本につなぎ止めているのだ。

超訳

資本の蓄積

今まで私たちは、剰余価値がどう生じるか調べてきたが、ここからは「剰余価値から資本はどう生まれるのか」について調べてみよう。剰余価値が資本に加わって、それが資本になることを「資本蓄積」と呼ぶ。

資本の蓄積のためには、剰余生産物の一部を資本に転化する必要がある。そして、その転化は、原料などの生産手段と、労働者の生活を維持する生活手段のために行われ、それ以外のケースは存在しない。

そして、それらが資本として稼働するためには、資本家階級は追加の労働力を求める。

こうして資本は賃金に依存する労働者階級をさらに雇い、資本は再生産の過程を通じてどんどん増大する。

【第1巻24章】

マルクスがここで説明しているのは、**「拡大再生産」**についてである。資本が生み出した剰余価値の全部、またはその一部を、資本家が消費せずに資本に付け加えることで、資本は増大する。再投資による生産手段（原材料と道具）の増加は、それを利用してさらにたくさんの商品を生産するために、追加の労働力が必要であることを意味する。そこで資本家はさらに労働者を雇う。このような過程が繰り返されることで、生産規模は大きくなっていく。

このような資本蓄積があるから、資本主義のシステムのもとでは、ある軋轢が生じる。それは規模を大きくしようとする資本家間の軋轢だ。これまでは資本家階級と労働者階級の軋轢が必然的だとしてきたが、これはもうひとつの争いだ。当然、大きい会社は小さい会社より有利だから、生き残るために資本家は自分の帝国を拡大しようとする。

資本家間の競争は資本家にとっても厄介だが、労働者階級にとっても良いことではない。資本家間の競争がある以上、労働者から搾取できるだけ搾取し、剰余価値を絞りだす資本家が生き残るようになるからだ。アジアのことわざにある**「クジラの喧嘩にエビの背が裂ける」**の通りだ。

資本家が皆、単純再生産で満足すれば、そんなことは起こらないが、残念ながら資本というものは、自分を拡大させようとする性質がある。そして競争がある以上、資本はただ拡大するだけではなく、できるだけ早く拡大しなければならない。だからこそ、労働者から剰余価値を限界まで絞り出さなければならないのだ。

超訳

貨幣資本の循環

【第2巻1章】

貨幣資本の循環は3つの段階でできている。

1、お金→商品（資本が資本で生産手段と労働力を買う）

2、商品⇓生産プロセス⇓′商品（資本家は生産手段と労働力で商品を生産する）

3、′商品→′お金（資本家は自分が生産した商品を売り、お金を得る）

1段階における「お金→商品」における商品は、労働力と生産手段とで構成される。

資本家が商品として買った労働力と生産手段は、生産のための生産資本である。

循環全体は次のように表すことができる。

お金→商品⇓生産プロセス⇓′商品→′お金

ピザ屋を例に考えてみよう。ピザ屋を開店した主人（資本家）は、お金で料理に必要な石窯やナイフやフライパンなどの道具を買う。そして小麦粉やハム、ピーマン、チーズなどの原材料を買う。これら**道具と原材料は不変資本**である。そして彼は、自分の従兄弟を調理を担当するシェフとして雇う。それを手伝うアシスタントや、サーブを担当する店員も雇う。**彼らは可変資本**だ。

お金で買った商品――原材料と道具と労働力――は、生産プロセスにより、最終的には商品であるピザへと変身する。

ピザを作るためにかかった小麦粉やチーズなどの費用は、自分たちの価値をそのままピザに移す。石窯などの道具にかかったお金は、その減価償却の分をピザに移す。これら可変資本は最初購入した価値以上は生み出さず、自分の価値をそのままピザに移すだけだ。

だが、雇ったシェフやアシスタントや店員の労働は、自分がもらう賃金以上の価値を生み出す。こうしなければ、店の主人は利益を得ることができない。

資本家が買った商品は、生産プロセスを通ったあとは「′商品」、つまりピザになるが、その価値は、生産プロセスを通る前より増加している。その増加分は、雇ったシェフや店員などの労働力から出たもので、生産手段から出たものではない。本文はその過程、**「お金→商品→′お金」**の「商品」を労働力と生産手段に分解し、一目で分かるように説明している。

生産資本の循環

【第2巻2章】

生産資本の循環は、次のように表現される。
生産資本→商品→お金→′商品→生産資本
生産資本は労働力と生産手段でできているから、この循環は、次のように整理できる。

生産資本⇒商品→お金→′商品 ↘ 労働力
↙ 生産手段⇒′生産資本

拡大再生産の場合、この循環で生産資本が増大する。
単純再生産の場合、この循環で生産資本の規模は変化しない。

今度は前項目と違い、**生産資本を中心とした循環**を描いている。生産資本とは、生産に使われる資産を意味する。ピザ屋の場合だと、石窯やナイフ、フライパンといった料理道具などキッチンのシステム全体が生産資本にあたる。

「生産資本⇒商品」は、オーブン（生産資本）からピザ（商品）が出てくるところを想像すれば理解しやすい。そして「生産資本⇒商品→お金」は、ピザをお客に売ってお金を稼いだことにあたる。「生産資本⇒商品→お金→′商品」は、そのお金でさらにピザを焼くために、新しい小麦粉やチーズ、労働力を買うところまでを見せてくれる。

ここで注目したいのは「′商品」が、労働力と生産手段に分かれる部分だ。労働力は店員やシェフに支払う賃金、そして生産手段は小麦粉やチーズを買うことである。生産手段には道具が含まれ、石窯やナイフが摩耗したら、交換するのにもお金がかかる。そして、摩耗を別にして、ピザ屋が人気を呼んでお客の数が増え、石窯を増設するようになれば、それは**生産手段が増加する**ことだ。

資本の循環を何度も繰り返し、前項目の′お金の増加分が蓄積すると、新しい石窯を買うための資金が準備できる。石窯の数が増え、生産の規模が増大すると、それは生産資本が増えたことを意味する。

もし店の主人が大きなピザ屋の経営を目的としていれば、彼は生産資本の規模を増大させることに注力するだろう。資本家が資本の規模を増大させて競争力を保とうとすることは、とても自然だ。

前項目ではお金を中心とした、貨幣資本の観点から見た資本の循環を、今度は生産の規模の観点から見て、生産資本の循環で表現したのが、本文の構図である。

【豆知識】資本主義の暴走と弁証法

資本主義社会の特徴は、お金持ちはどんどんお金持ちになり、貧乏な人はどんどん貧乏になることだ。

もう一度、10人の住人しかいない世界を想像してみよう。彼らはそれぞれ１００万円の資産を持っている。だから世界の富は合わせて１０００万円だ。そして10人のうち、資本家はひとりだけ。彼のビジネスは急成長しており、１年の間で財産が15%増加している。時間が経つと何が起こるだろう?

10年後、資本家の財産は４００万円を突破していた。それから5年が経つと、資本家の財産は８００万円を超える。この世の富は全部で１０００万円だから、残りの9人の財産を全部合わせても２００万円だ。資本家ひとりの財産が、残り9人の財産の合計の4倍となるのである。

資本はお金を稼ぐお金だと、すでに述べた。もちろん現実の世界では資源の採掘などで世界全体の富が増大するから、全世界の富が１０００万円にとどまることはないが、重要なのは地球のリソースには限界があるから、世界の総生産は複利で増加することはない。反面、資本家の富は複利で増大する。

もっと簡単に考えるなら、さっきの事例の資本家が銀行の所有者だとしよう。彼は貸し金業で利子を得るから、財産は複利で増大する。もちろん15%よりは低いだろうが、資本が複利で増大するスピードは、世界の総生産が増大する速度を上回る。従って、資本家が持つ富以外の富は、減少しなければならない。この世に自己増殖する富が存在する以上、お金持ちはどんどん多い富を所有するようになり、それに伴って残りの人の財産は減少していくのが、資本主義社会の宿命なのだ。

マルクスは「弁証法」によって、このような矛盾を持つ資本主義が、新しい価値観に取って代わられると予想した。弁証法とは何か？　これは古代ギリシャで「問答法」と呼ばれた方法であり、ヘーゲルによってその形式が確立された。インターネットの掲示板のスレッドを想像すれば分かりやすい。

最初の誰かが、「犬は猫よりも主人を愛する」と主張したとしよう（命題）。すると、他の意見を持つ人が「犬は集団生活をする動物だから、そう見えるだけだ。実は猫の方が主人を愛する」と反駁する（反命題）。すると「猫も犬も、表現する方法が違うだけで、主人への愛は持っている」とコメントが付く。

これは命題と反命題を本質的に統合した命題なので、合命題と呼ぶ。このような過程を続けて論理的に考えていくと、人間が考え得る、もっとも正しい結論にたどり着くというのが弁証法の概念なのだ。「命題→反命題→合命題」の形式を「正反合」とも呼ぶ。

弁証法を簡単に言い換えると「論理的な類推」「科学的推論」にあたるだろう。マルクスの『資本論』も、「富は商品の集まりだ」という命題から出発し、実に論理的に理論を展開していることが分かる。とにかくこうして弁証法、あるいは論理的な推論を通じて、資本主義の問題が発覚すれば、人々はそれを改革するために立ち上がるだろう、とマルクスは予想した。

だが結局、共産主義は「次の体制」になることに失敗した。

この資本主義が永遠に続くのか、それとも他の体制が資本主義を変革したり、あるいは取って代わることになるのか、それはまだ誰も知らない未来の話である。

Ultra Translated Das Kapital

11章
資本主義は恐慌から逃れられない

周期的に、しかし予測できない時に地震が来ることを、私たちは知っている。地震は、地球がプレート構造でできているから起こる、構造的な問題だ。

まるで地震のように、周期的に、しかし予測できないときに恐慌が来ることを、21世紀の私たちはよく知っている。

恐慌もまた、資本主義システムの構造による問題だ。地震が地球の構造による問題であるように、恐慌は資本主義のシステム自体によって起きる問題である。最後に恐慌について解き明かそう。

超訳

競争と信用制度

【第1巻25章2節】

資本を集中させるにあたり、もっとも強力な2つのレバーは、競争と信用制度だ。信用制度は、最初は資本蓄積の控えめなアシスタントとしてこっそりと入ってくる。そして社会に分散している貨幣を、目に見えない糸で資本家の手に手繰《たぐ》り寄せてくれる。が、後に競争で恐ろしい武器に変身し、その結果あらゆる種類の資本の集中のための、巨大な社会的メカニズムになる。

資本間の競争が資本を集中させることは、すでに述べた。

さて、本文にある「信用制度」とは何のことだろうか？　これは簡単で、**「金融」のこと**だ。金融はお金が必要な人にお金を貸し、そこから利子を得るビジネスだ。そして、それはお金を借りる人が後で元金と利子を返すと「信用」することを前提とする。だから金融システムを「信用制度」と呼んでいるのだ。

会社の合併や、企業規模を大きくするための投資には、資金が必要だ。資本の規模を増やすには、剰余価値をコツコツ蓄積するのもひとつの手だが、もしライバル会社が銀行から借り入れた大金を武器に、攻撃的な投資をしてきたら、一瞬で潰されてしまう。そこで、競争で生き残るためにも、お金を借りて資本の規模を増大することが必要だ。

企業が借りた資金は、負債として財務諸表に表れる。財務諸表は、全体の資産を**資本と負債の2つに分類**する。簡単に言えば、資本は自分のお金で、負債は他人のお金だ。自分と他人のお金を合計したものが、全体の資産となる。他人のお金とは、普通は、銀行などの金融機関からの借入金だ。

財務用語で「資本」というと、単純に自分のお金を意味するが、マルクスの『資本論』の中で資本と呼ぶものは、財務諸表では資産に当たる。強力で、巨大な資本を作るためには、それが自分のお金だろうが、他人から借りたお金だろうが、構わないからだ。

他人のお金を借りて自分の資本を2倍にすると、得られる利益も2倍になる。このようなことを**レバレッジ**という。そのレバレッジは資本の貪欲さによって、後に恐慌の原因にもなる。それについては後述しよう。

超訳

生産部門によって生じる乖離

【第2巻20章】

社会の総生産は2つの部門で構成される。

Ⅰ　生産手段を生産する部門

Ⅱ　消費材を生産する部門

そして、両方とも可変資本と不変資本とで構成されている。

Ⅰ部門（生産手段部門）がお金を支払って、Ⅱ部門（消費材部門）から商品を購入したとしよう。この商品の価格には、Ⅱ部門が商品を生産するときの機械の摩耗（減価償却）の分が含まれている。だから、Ⅱ部門は時間が経った後に機械を交換するときのために、その分のお金を使わず積み立てる。例えばⅠ部門が2000を購入して、その200が摩耗の分ならば、Ⅱ部門はその200を使わず積み立てておく。

その分は、機械を交替するまで、しばらくⅠ部門に戻らない。

従って、Ⅰ部門にはⅡ部門に比べて200の分が過剰生産されたことになる。

本文が難しそうなら、この解説だけ読んでも良い。

この世界に、2つだけ会社があるとしよう。生産機械を生産する「(株) 機械会社」と、食べ物を生産する「(株) 食べ物会社」である。機械会社に勤める労働者や、その資本家は、食べ物を食べなければ生きていけないので、食べ物会社から食べ物を買う。

食べ物会社には機械が必要だから、機械の寿命が終わると、機械会社から機械を購入する。ここで機械会社の社員たちの消費と、食べ物会社の社員たちの消費には差が生じる。

機械会社が食べ物を買いに来たとき、**食べ物会社は売り上げの一部を積み立てておく**。それは後で生産機械を買うための資金だ。一方、食べ物会社が機械を買いに来たとき、**機械会社にはその一部を積み立てておく必要はない**。自分たちの生産機械も、自分たちで作れるからだ。

すると、食べ物会社から流出するお金の量は、機械会社から流出するお金の量より常に少なくなる。食べ物会社は機械会社とは違い、売り上げの一部を、次の生産機械を買うときのために貯蓄しているからだ。その状態は機械の寿命が終わり、新しい機械を買うときまで続くだろう。

単純化して説明したが、要点は伝わったはずだ。生産物の種類や性質によって、その生産と消費の周期は違うため、**その乖離から不均衡**が生じる。様々な原因によってその不均衡の期間が長くなると、恐慌（過剰生産によって価格の暴落、失業の増加、破産、銀行の破綻などが起こる現象）が発生する可能性が出てくるのだ。

超訳

生活必需品と贅沢品

【第2巻20章】


Ⅱ部門（消費材の生産部門）の労働者は、Ⅱ部門の資本家から貰った賃金で、自身の生産物の一部を買うことがはっきりしている。つまりⅡ部門の労働者は、労働力に投下した資本を、再び貨幣の形態に変化させて戻してくれる。

Ⅱ部門の生産物は「生活必需品」と「贅沢品」の2つに分類することができる。生活必需品は、資本家も労働者も消費するが、贅沢品は資本家階級の消費に限るため、労働者から搾取した剰余価値からの支払いと交換されるだけだ。

ところが、恐慌のときには贅沢品の消費が減少する。つまりそれは、贅沢品生産の可変資本の、貨幣資本への転化を停滞させる。そこで、贅沢品を生産する労働者は解雇される。

その結果、彼らが消費していた生活必需品の販売も減少するというわけだ。

景気が良くないときは、**高価な商品と安価な商品の消費傾向が、二極化する**傾向があるという。

景気が悪いときにも、お金持ちは以前のように高価な商品を買うことができるが、平均的な価格や廉価商品を購入していた中産階級は、どんどん安値の商品に流れるようになる。「ダイソー」などの100円ショップの登場も、そんな傾向を反映しているのかもしれない。結果、中間の価格の商品は販売されず、両極端の価格の商品だけが売れる結果になる。そしてそれは中産階級の没落を意味する。

恐慌が起こると、お金持ちも消費を減らす。つまり、贅沢品の販売も減少する。実際に、2007年に世界同時金融危機が発生した後、巨大な邸宅やヨットなどの販売は激減したという。もちろん大邸宅やヨットは極端な事例だが、高価な商品の消費は全般的に減少する。

景況がこうなると、高級品を生産していた資本家は労働力にかかる費用を減らそうとする。被雇用者の賃金が減少したり、解雇される結果になるのだ。こうして**被雇用者階級が使うことができるお金の量が減ると、社会全般の消費も減る**。ひとつひとつの事件が連鎖反応を起こすことによって悪循環が発生し、経済は泥沼へと沈んでいくのだ。

超訳

恐慌

【第2巻20章】

恐慌が、支払能力のある消費や消費者の不足で起こるというのは、同語反復に過ぎない。

資本主義においては極端に貧乏な人や泥棒の消費を除けば、すべてが「支払能力のある消費」だからだ。商品が売れないのは、商品に対する支払能力のある購入者を探し出すことができないことを意味するだけだ。

もし「労働者階級の報酬は、生産に見合っていないから、もっと多い賃金を払えば問題が解決する」ともっともらしいことを言う人がいるなら、こう指摘すべきだ。恐慌は、むしろ賃金が上がり、労働者階級が生産物の中の多くを賃金として貰う、そのときに準備されている、と。健全で、単純な常識を支持する人々の観点からは、そんな時期は逆に、恐慌がなくなるのが当然だと思うだろう。

資本主義的生産は善意や悪意とは関係のない、ある種の状態で構成されており、その状態が労働者階級の繁栄を一時的に限って許し、それが恐慌の兆候となるように見える。

実は、現代の主流の経済学理論では、**恐慌の原因を分析することができない。**

恐慌は資本主義社会に周期的に発生しているのに、主流の経済学理論で説明できないのは不思議に感じるかもしれないが、これが現実である。そもそも恐慌のメカニズムを熟知していたら、2007年の世界同時金融危機などの発生も防げただろう。誰もその原因と解決法を知らないのが恐慌なのだ。

マルクスの『資本論』の要諦を2つ選ぶとすれば「剰余価値」と「恐慌」についての部分だという。もちろんひとつを選択すれば剰余価値論だろうが、**資本主義に周期的に恐慌が起こるのが必然的なことだ**と言ったマルクスの洞察は、驚くほど鋭い。

経済的な繁栄が訪れると、それが永遠に続くかのように思われるが、恐慌はそのクライマックスに突然襲ってくる。1980年代のバブル崩壊を見れば分かりやすい。不動産取引で莫大な富を築いた歌手・千昌夫が一瞬で没落し、3000億円に及ぶ借金を背負うことになった事例などを見ると、恐慌の恐るべき威力が実感できる。

好景気のときは、金融によってすべての資産が実体より過大評価され、労働者階級も比較的豊かになる。こうして繁栄を謳歌する労働者階級も浪費する生活を始めるが、それは一時的な現象である。その終末はいつも恐慌だ。繁栄がいつも恐慌で終わり、また繁栄がやってくる。これが**周期的に繰り返される**のが資本主義の特徴なのだ。

超訳

資本主義的生産の動機は蓄積

【第2巻21章】

単純再生産を仮定すると、Ⅰ部門（生産手段の生産）とⅡ部門（消費材の生産）からのすべての剰余価値は、一切資本に付け加えられずに、資本家の収入として消費される。

だが、実際には資本家の収入は剰余価値の一部であり、残りのすべては資本に付け加えられる。実際の蓄積はこれを前提条件として行われる。

蓄積が消費の費用を通じて行われるというのは、資本主義的生産の性質と矛盾する虚像である。なぜならそれは、資本主義的生産の目的と動機が、剰余価値の獲得とそれを資本に変えること（すなわち蓄積）ではなく、消費にあると定義しているからである。

「不況を克服するためには、もっと消費をしなければならない」といった主張を聞いたことがないだろうか。大衆がたくさんのお金を市場に落とせば、それが企業に流入し、善循環が起こるという論理だ。

だが、本文はこのような主張は間違っていると喝破している。資本主義システムでは、経済成長のエネルギーは消費にあるのではなく、剰余価値の獲得と、資本の増殖にある。

資本は絶えず増殖していく反面、労働者階級の富はその分減少していく。こうして資本が増殖すればするほど、大衆の購買力は低下する。被雇用者階級の賃金には限界があるのだ。

需要には限界があるのに、資本は自己増殖のために絶えず生産を続けるから、その結果は過剰生産になる。生産力と消費力の違い——その乖離から不況や恐慌が発生するのだ。この乖離が解消されない以上、いくら貨幣を多く発行しても、いくら利子を下げても、需要や投資が増加することができない。資本を投資してもそれが増殖することができなければ、投資が活発になることもないし、雇用が活発になることもできない。各国の政府がいくら努力しても、資本主義の構造的な欠陥により、不況の根本的な原因は解消されない。

超訳

恐慌は矛盾に対する回答

【第3巻15章】

恐慌は資本主義の矛盾に対する、瞬間的で強制的な解決法である。恐慌は歪曲された均衡を、一時的に元通りに回復する、乱暴な爆発なのだ。

その矛盾は、資本主義的生産が、それが持つ価値や剰余価値、生産が行われる社会的状況に構わず、生産力を増大しようとする傾向によって発生する。

資本の目的は、その価値を保持しながらできるだけ最大限の自己拡大をすることだ。

資本は既存の価値を利用して、最大限自分を増大させようとするが、その目的を成就するために使う方法は利潤率を低下させたり、既存の資本の価値を下落させたり、既存の生産システムを捨てて新しいシステムを導入すること、などだ。

資本の蓄積速度は利潤率の低下によって鈍くなる。すると、資本は絶えずこのような障壁を克服しようとするが、その方法はもっと多くの障壁を作ることになるのだ。

資本は自己増殖の欲望により、レバレッジを使おうとする。レバレッジとは、**金融機関からお金を借りて、自己資金より多いお金で投資する様子を、レバー（てこ）に見立てた用語**である。例えば、1000万円を投資して500万円を得たら、1億円を投資すれば5000万円を得られる計算になる。

レバレッジが多く使われると、現実の資産価格が歪曲されていく。例えば皆がレバレッジを使って不動産投資をしていると、不動産の価格は、その実際の価格よりずっと高くなる。資本主義システムではいつもレバレッジが使われているため、資本主義の好況はいつもバブルだと言える。

最近はコンピュータプログラムによる売買で先物などの派生商品に投資する技法が、投資ファンドで多く使われているため、それが農産物の価格を上げている。ファンドの投資金が農産物先物に多く投資されると、その需要が実際より多く見え、価格が歪曲されるのだ。先物は証拠金さえあればその数倍の先物の取引が可能なので、それ自体がレバレッジ効果を持つ。このように、金融はレバレッジ効果で資本を誘惑するのである。

問題は、資産の実際の価格が金融というレバレッジによって過大評価されると、価格の小さな下落でも実物市場で借りたお金を返すことができない人が生じることだ。こうなると、**連鎖反応**によって過大評価されていた資産の価格が暴落してしまう。こうして大勢がお金を失い、それが社会全般に広がることで、金融機関も連鎖的に破産してしまい、恐慌がやってくるのである。

超訳

資本の障壁は資本それ自体

資本主義的生産の本当の障壁は、資本それ自体である。
資本と、その自己増殖は、生産の始まりと終わりであり、動機にして目的である。
生産は資本のためのことで、その逆は成立しない。

【第3巻15章】

あなたが9億円の資産を持っていたとして、**「私はこんなにお金を持っている。ああ、満足だ」**という気持ちになるだろうか？　まず、ならない。人は9億円資産があれば、10億円に増やしたいと思うものだ。

これは、あなたが特別貪欲だからではない。自分がいる位置より、もっと高い目標を目指すのは、人間の本性である。そして、資本主義システムは、このような人間の本性に基づいている。

昔は必要な物を作るために生産活動をしたが、資本主義社会では資本を増大させるために生産活動をする。前者と後者には、根本的な差がある。必要な物を作るための生産では、金融機関からお金を借りて生産規模を拡大させたり、無理をして生産性を高める必要はない。他人から搾取する必要もない。森の中で平和に暮らすドワーフのように、適当な食べ物を生産しながら、皆で仲良く暮らしていれば良い。

だが、資本の増殖を目的とすれば、「必要な量を適当に生産する」などというのんきな話は通じない。できるだけ多い商品を短い時間で生産し、利潤を最大化しなければならない。そして、金融からできるだけ多くの借金をしてレバレッジを活用し、増殖の速度を加速させなければならない。

だが生産性の発達は必然的に利潤率を低下させてしまうため、**資本を増大させるための努力が、逆に自分の成長を鈍らせる要因**になってしまう。これはまるで、速く走れば走るほど、空気抵抗が強くなり、走る速度が遅くなっていくことに似ている。そしてレバレッジの活用も、資産の価値にバブルを起こし、それが一瞬でも崩れると恐慌が訪れる。だから、資本が成長するときに**もっとも恐ろしい障害物は、自己増殖を目的とする、資本自体**だと言うことができるのだ。

超訳

資本主義的生産の限界

【第3巻15章】


資本主義的生産には限界がある。

第一に、労働生産性の発展は利潤率の低下を伴い、それが周期的に恐慌を通じて解除されなければならないことだ。

第二に、生産の拡大と縮小は、無給の労働で得る剰余価値と、それと使用資本の比率によることで、社会的な需要と供給の関係によることではない。

資本は実際の需要とは関係なく、自己増殖のために生産しているから、それも恐慌の原因になる。良い事例は、1980年代の日本の不動産バブルだが、オランダには、さらにとんでもない現象が存在した。

17世紀、当時のオランダは隆盛を極めており、ヨーロッパ最大の経済大国だった。

そんな折、オランダにチューリップという、新しい植物が紹介された。当時は珍しい植物だったから当然高価だったが、その後、狂乱が始まった。チューリップの球根の価格が毎日暴騰を続け、1637年2月にはチューリップの球根ひとつが約1500万円の価格で取引されたのだ。

そしてその価格は**一瞬で暴落**した。チューリップに投資した商人たちは破産し、貴族たちは領地を失ってしまった。この事件のせいでオランダの経済は大きな被害を受けた。

今では誰だってチューリップの価値を知っているし、チューリップについて冷静に考えることができる。しかし、当時の人々にとっては毎日暴騰を続ける植物が、絶好の投資の手段になったことだろう。チューリップに投資してお金持ちになった人もたくさんいたから、皆が最大のレバレッジを使って球根の可能性に賭けたのだ。

実体経済の世界でAという商品の価格が10%上がると、銀行からお金を借りて2倍の資金で投資すれば、20%の利益を得ることができる。価格上昇を見た多くの人がこのように投資しようとするから、需要が高まったAの価格は暴騰する。しかし、非常識的に暴騰した価格は、いつか暴落する。すると、借金をしてAに投資していた人々は破産し、**お金を貸した銀行はそれを回収できない**。これは金融が存在する以上、必ず周期的に発生する現象であり、恐慌が周期的に起こる理由でもある。

超訳

金融

【第3巻33章】

信用制度は、国立銀行や、それをとりまく金貸し業者と高利貸し業者を中心とする、巨大な規模で集中された制度である。それは、この寄生階級に産業資本家を周期的に破滅させる力を与えるだけではなく、もっとも危険な方法で現実の精査に干渉させることになる。

だが、この輩は生産について何も知らないし、生産とまったく関係がない。

恐慌の中心には金融がある。

恐慌の原因が**利潤率の低下、信じられないようなバブル、そして需要と供給に関係がない価格の歪曲**などにあることは、すでに述べた。金融は資本の持ち主にレバレッジを提供して、そんな現象をさらに極端な方向へ導く。価格は実体とかけ離れていき、バブルは膨らんでいく。

現代にはたくさんの投資ファンドがあり、それが市場を荒らす主体になっている。投資ファンドは、過去のように株式や債券への投資に限らず、穀物関連の資産などの実物にも直接投資をしている。

数学者ジェームズ・シモンズが運営する投資ファンド「ルネサンス・テクノロジー」では、人工衛星まで打ち上げて穀物の作況を監視している。どれだけの資金が穀物関連の投資に投下されているか、うかがい知れる事例だ。

だが投資ファンドは穀物自体には関心がない。

投資ファンドはひたすら利ざやを得るために穀物に投資している。そしてそれは実物の価格を歪曲したり、市場を乱したりする。これは社会の実際の富を生み出す活動ではないし、合法的なゲームを通じて**他人の富を自分のポケットに移す行為**に過ぎないのである。

おわりに　～では私たちはこの世界でどう生きるべきなのか？～

本書を読み終えた読者は、マルクスの『資本論』に書かれた主な概念の90％は理解していると言って良いと思う。『資本論』の原書を読むと、マルクス特有の緻密な論理の展開を経験することができるかもしれないが、その結論は本書で論じたことにたどり着くだろう。

例えば、本書では資本家が労働者の労働時間を延ばして、もっと多い剰余価値を得ようとすることを比較的簡潔に説明した。だが、原書ではそれを複雑極まりない論理を駆使して立証している。

あなたがマルクス学者ではない以上、剰余価値の概念をすぐに理解するためには、必要な部分を抜粋して読む方が効率的だ。また『資本論』が19世紀の著作であることを鑑みると、本書のように読者に馴染みがある事例を通して読み進めていくのが、もっとも正確な理解ができる方法だと思う。

『資本論』は論理的に構成された本だが、読む人を怒らせる力を持っている。特に「資本家が、労働者が生み出す剰余価値を奪い、それを富の源泉にしている」という理論に初めて接した人は、誰でも衝撃を受ける。サラリーマンなら、誰しも自分が会社のために働いていることを知っているが、それをここまで論理的な証明過程を通じて「あなたは資本家のためにタダ働きしている」と突きつけられた経験がないからだろう。

さて、本書を読んだ読者は、こう思ったことだろう。

「じゃあ、私たちはこれからどうすれば良いの?」

『資本論』は資本主義を分析するだけで、代案を提示しないからだ。マルクス自身は資本主義の代案が共産主義だと考えたが、その失敗まで予見できなかったのは、時代の限界だと言える。

共産主義は失敗したが、『資本論』が世界に与えた影響は大きかった。例えば、『資本論』以前は「人が貧乏なのは、その人自身の責任だ」と考えられていたのが、『資本論』以後はシステムの問題もあるということが明らかになった。この認識の変化は、社会保障制度誕生のきっかけになった。現代の多くの資本主義国家が福祉を重視するようになったのも、『資本論』のお陰だと言える。

特にマルクスの理想がもっとも具現化されたと言える北ヨーロッパのスウェーデンやフィンランドは、資本主義と社会主義のメリットをよく活かして、世界でもっとも住みよい社会を実現している。こうなるためには教育の水準が高くなければならず、献身的に共同体に貢献する社会のリーダーも必要だった。といっても、すべての指導者が善良だったわけではなく、指導者階級を監視する強力なシステムがあったからこそであった。

例えば、フィンランドでは全国民の納税の内訳が公開される。それは隣近所のおじさんの納税の内訳をあなたが閲覧できることを意味する。おじさんが、職についてもいないのに、贅沢な暮らしをしているのが怪しいと周囲が疑えば、彼らはおじさんの記録の閲覧を要請し、最後は国税庁が動くことになる。

行政もガラス張りになっている。3000万円以上かかる工事は、公務員ひとりでは決定できず、一般市民が参加する委員会の許可を受けなければならない。そして、決定した内容は即日インターネットで公開されなければならない。一般市民はそれに異議を申し立てることができるし、委員会はそれに対し、必ず即日返事をすることになっている。

こうして社会全体が情報の公開と市民の関与を通じて、透明性を持って作動している。これは市民を尊重しているのと同時に、支配階級への牽制にもなっている。権力が市民の手にあるのだ。こんな社会では市民を無視する政治家はリーダーになれないし、非道徳的な資本家がお金を乱用することもできないし、犯罪者や暴力団が財をなすこともできない。

もちろん北ヨーロッパの社会が天国だと言うつもりはないが、『資本論』を読んで社会の変革に関心を持った読者は、フィンランドやスウェーデンの政治・社会を調べてみるのも良いだろう。政府が強力な権力を持ち、国民がそれに従うのが当然だとされる社会では難しいかもしれないが、資本主義の暴走を牽制できる社会を作るためには、このように認識を変化させることが必要なのだ。

社会を改革することは別として、個人のレベルでどうすれば良いか、悩んだ読者もいるだろう。これは、あなたはもちろんのこと、あなたの子どもをどう教育するかに関わる問題でもある。

映画『ターミネーター』シリーズでは、主人公のサラ・コナーが、自分の息子が機械が支配する未来世界で生き残ることができるよう、特殊な教育を施す場面がある。息子ジョン・コナーは、その厳しい未来を生き残り、やがて機械の支配に抵抗する組織のリーダーとなる。

幸い、現実世界の未来は、人間を殺戮する機械に支配される心配はなさそうだが、その代わりに資本主義の暴走による厳しい未来が待っている。人々が働いて生み出す富の増加率より、お金がお金を稼ぐ速度が速くて生じる構造的な問題のせいで、貧富の差はこれからもますます開いていくだろう。これは、私たちが生きる時代より、子どもたちが生きる未来がより厳しい世界になることを意味する。

以前は、自分の専攻分野ひとつだけを勉強し、良い会社に入って、定年まで勤務すれば良かったかもしれないが、未来はそんな時代ではないことを、多くの学者が予測している。子どもたちが未来の世界に生き残るためには、金融、投資、税金、いろいろな財産権の知識はもちろん、ビジネス戦略に関する能力を育てなければならない。

筆者の周りを観察してみても、お金持ちの子どもたちは親の教育や家庭の雰囲気によって、投資の技術やお金の管理方法の基本をいち早く身につける。それは親が直接教育せずとも、親の生き方の影響で「自分が生きるために何を知らなければならないか」を考えるようになるからだ。

そこで、あなた自身はもちろん子孫のためにも、自身を縛る既存の価値観から自由になる必要がある。普通の人は、支配階級が楽をするために大衆に詰め込んだ価値観のせいで、自分の利益に反した行動をすることが多い。良いアイディアがあっても、自分でビジネスをするより、会社に奪われるのを良しとする。それはビジネスをする方法を学んだこともないし、考えたこともないからだ。「自分が起業するなんてどうせ無理だ」と決めつけているからだが、この考えを少し変えて成功した人はたくさんいる。

とある日本のサラリーマンは、暖炉の上のやかんの水が沸騰して、蓋がガタガタ動くことが気になったので、釘を打って蓋に穴を作った。すると穴から水蒸気が出て動かなくなった。彼は急いでその簡単なアイディアで特許を申請した。その後、やかん工場や鍋工場からその特許の権利への需要が殺到した。やがて穴がある蓋は人気を得て、彼は多くのロイヤリティー収入を得た。

このケースからは、日々の生活に落ちている、ありふれた、しかし素晴らしいアイディアを見逃さず、自分の権利にしようとした強い意志を学ぶことができる。これはひとつの事例に過ぎない。資産を得る方法は数え切れないほどある。

スマートフォンの胎動期にスマートフォン向けの簡単なゲームを作って、数千万円を稼いだアーティストもいたし、蛍光灯がＬＥＤに取って代わろうとする時代の変化を見て、ＬＥＤを生産する企業に投資して数億円を得た人もいる。

とある投資家は「テクノロジーの大変革は最低でも5年に一度は起こる」と言った。その変化を利用してお金持ちになるのは、関心さえ持てば誰にでも可能なことだ。

とある体育教師は、同僚の教師と雑談する中で、中国の化粧品市場が1年に約15％も急成長していることを聞いた。会話はその日のうちに忘れてしまったが、数日後、彼はインターネットで化粧品の原料を生産して急成長している会社があることを知った。その会社の業績が良かったのは、中国向けに輸出する化粧品の原料をたくさん生産していたからであった。

まだ株価が高くなかったのを確認した彼は、その会社の株式を１５００万円ほど購入した。２年後、それは4倍になって資産は６０００万になった。これは筆者の知人の話だ。

ここで紹介したお金を稼ぐ事例は、ごくごく一部に過ぎない。方法は世界中にいくらでもあるし、チャンスは誰にも等しく訪れるが、普通の人は「私なんて……」と関心さえ持たない。

努力や能力の不足で満足な生活が送れない人もいるにはいるだろうが、ほとんどの人は十分に努力しているし、多くは自分の専門分野で身につけた能力を持っている。問題は努力・能力の不足ではなく、関心・野望の不足ではないだろうか。

支配階級は、あなたが野望も勇気もなく、ひたすら自分に与えられた仕事に没頭することを望んでいる。自分を犠牲にしながら支配階級のために働く姿勢が正しいと思う、規格化された人間が多ければ多いほど、彼らにとっては利益になる。

あなたが『資本論』を読んで、この社会の仕組みを理解し、目覚めても誰に褒められるわけでもないが、少なくともあなたと、その子孫が未来を生きるためには役に立つだろう。

本書は、『資本論』の英語版を参考に翻訳した。〝超訳〟と銘打っているのは、概念を理解するために必要な文を抜粋し、必要以上に複雑な部分は簡潔に書き直させて頂いたという意味だ。

さて、本書の完成にあたっては彩図社編集部の吉本竜太郎さんと編集長の本井敏弘さん、彩図社のスタッフの努力が大きかった。

本書は元は2014年に出版された『超訳 資本論』を文庫版に作った、新しいバージョンの本である。

文庫版は柴田智美さんが編集してくださった。今度は柴田さんに感謝したい。

同社社長の山田有司さんにも併せて感謝申し上げる。

2018年12月　許 成準

〈著者プロフィール〉

許 成準（ホ・ソンジュン）

2000年KAIST（国立韓国科学技術院）大学院卒（工学修士）。

ゲーム製作、VRシステム製作、インスタレーションアートなど、様々なプロジェクトの経験から、組織作り・リーダーシップを研究するようになり、ビジネス・リーダーシップ関連の著作を多数執筆。

主な著書に『超訳 君主論』『超訳 孫子の兵法』『超訳 論語―孔子に学ぶ処世術―』『超訳 アランの幸福論』『超訳 韓非子―リーダーの教科書―』（全て小社刊）、『一時間で読めるマキャベリの君主論』などがある。

超訳 資本論

2019年2月12日第一刷

著　者　許 成準

発行人　山田有司

発行所　株式会社　彩図社《さいずしゃ》

〒170-0005 東京都豊島区南大塚3-24-4 MTビル
TEL:03-5985-8213
FAX:03-5985-8224
http://www.saiz.co.jp
https://twitter.com/saiz_sha

印刷所　新灯印刷株式会社

 ISBN978-4-8013-0350-8 C0130
乱丁・落丁本はお取り替えいたします。（定価はカバーに表示してあります）

※本書は、2014年6月に小社より刊行された単行本を修正の上、文庫化したものです。